게임 회사가 우리 아이에게 말하지 않는 진실

게임회사가 우리 아이에게 말하지 않는 진실

고평석 지음

한일미디어

우리 아이들의 게임 세계를 이해하기 위하여

우리 세대는 동화책과 만화책을 보고 자란 아날로그 세대지만, 우리 아이들은 컴퓨터와 함께 자란 디지털 세대다. 어른들은 아이들의 온라인게임 세계를 이해하기 어렵다. 온라인게임은 도박성과 사회성이 절묘하게 결합된 전혀 다른 종류의 게임이기 때문이다.

아이들은 부모들이 알 수 없는 게임이라는 세계 속에 들어가면 묘한 해방감을 느끼게 된다. 초등학생이나 중학생인 아이들 입장에서 자신이 부모들보다 더 "우월"하게 느낄 수 있는 유일한 세계가 바로 게임이기 때문이다. 어려서부터 입시지옥의 압박감에 시달리는 아이들은 게임 속에서 자기주도권과 독자적인 자율성을 느끼게 마련이다. 어른들은 대부분 게임에 대해 모르기 때문에 아이와 함께 게임에 대해 이야기를 나누는 것조차 불가능하다.

이러한 아이들만의 세계인 "게임" 속으로 우리를 안내해줄 거의 유일한 사람이 바로 이 책의 저자 고평석이다. 그는 지난 10년간 다양한 게임을 직접 만들고 마케팅하는 게임회사를 운영했다. 뿐만 아니라 5개월 이상 직접 "중독"에 이를 정도로 게임에 집중적으로 몰입해보는 일종의 참여 관찰 연구를 스스로 진행했고, 그 자신도 놀랄 정도의 게임의 중독성과 그 강한 영향력을 직접 체험해보았다. 게다가 지금은 아직 좀 어리지만(4세) 아이를 키우는 부모이기도 하다.

　게임을 만드는 내부자, 즉 게임 회사 사장이면서 동시에 게임에 중독되어본 체험자, 그리고 또 아이를 키우는 부모. 이 세 가지 조건을 모두 갖춘 사람은 아마 극히 찾아보기 어려운 존재일 것이다. 그런 그가 이제 게임에 대해 아이를 가진 부모에게 허심탄회하게 이야기를 털어 놓는다. 게다가 그는 뛰어난 이야기꾼이다. 마치 재미있는 소설처럼 술술 읽히는 이 책을 읽다보면 독자들은 어느덧 저자의 게임에 대한 깊은 통찰력을 공유할 수 있게 될 것이다. 나아가 이 책을 통해 부모들은 이제 비로소 "게임하는 아이들"을 이해할 수 있게 될 것이며 그들과 대화를 나눌 수 있게 될 것이다.

　우리 청소년들이 가장 많은 여가 시간을 보내는 게임에 대해서 그동안 우리 어른들은 무책임할 정도로 방치해뒀다. 이제 이 세상에서 만화책이나 영화를 한꺼번에 없앨 수는 없는 것처럼, 게임도 무조건

005

못하게 하거나 금지할 수도 없는 노릇이다. 이제 어른들은 아이들에게 게임을 어떻게 제대로, 건강하게, 별 문제없이, 유용하게 "사용"하고 스스로 "통제"할 수 있는가에 대해서 가르쳐야 할 때가 되었다. 이 책이 앞으로 우리 아이들을, 게임을 스스로 통제할 수 있는 아이들로 키우기 위한 노력의 이정표가 되리라 믿는다.

김주환 _ 연세대 교수, 《회복탄력성》 저자

차례

Part 1
나의 게임 중독 실험

Part 3
게임이여, 이제 안녕!

[부록] 앞에서 하지 못한 이야기들

| 일러두기 |

게임은 종류가 셀 수 없이 많다. 술래잡기나 제기차기 같은 전통적인 게임도 있고, 블루마블 같은 보드게임도 있다. 요즘은 게임이라고 하면 보통 기기를 사용해서 하는 놀이를 뜻한다. 이 책에서 다루는 게임은, 인터넷에 접속해서 컴퓨터로 즐기는 온라인게임이다. 게임을 좀 더 구체적으로 구분하면 아래와 같다.

- **인터넷게임(=온라인게임)** 주로 컴퓨터를 이용해 인터넷에 접속해서 다른 사람과 함께하는 게임이다. 혼자 할 때보다 게임에 빠져들기가 훨씬 더 쉽다. 아이들이 대부분 하는 게임이 이 인터넷게임이다. 최근에는 휴대폰으로도 인터넷게임을 히는 경향이 많아졌다.
- **네트워크게임** 인터넷게임과 같은 의미로 쓰이기도 하고, 때로는 더 넓은 의미로도 쓰인다. 인터넷 외에 전화선이나 각종 네트워크 선 등으로 연결하여 다른 사람과 함께하는 게임을 일컫는다.
- **컴퓨터게임** 게임을 하는 도구가 컴퓨터일 경우 컴퓨터게임 또는 피시(PC)게임이라 부른다. 20여 년 전만 해도 컴퓨터게임이라도 혼자 하는 게임이 대부분이었으나 요즘은 그와 반대로 온라인을 통해 다른 사람들과 함께하는 게임이 더욱 많다.
- **아케이드게임** 예전의 오락실 기계를 이용하여 하는 게임을 말한다. 최근에는 아케이드게임을 할 수 있는 오락실이 거의 사라지고 없다. 다만 성인게임 가운데 일부만이 그 명맥을 잇고 있다.
- **콘솔게임** 전용 게임기를 이용해서 하는 게임을 일컫는 말이다. 전용 게임기들을 콘솔이라 통칭하고, 콘솔로 하는 게임이므로 콘솔게임이라고 부른다. 우리나라에는 널리 보급되지 않았지만 미국이나 유럽에서는 이 콘솔게임이 훨씬 일반적이다.

　대학을 졸업하고 맞이한 이른바 아이엠에프(IMF) 위기는 내게 많은 고민을 안겨주었다. 예전과 달리 일자리가 많지 않았고, 일자리가 있는 곳에서는 뭔가 특별한 재능을 요구했다. 상황이 그러한데도 사실 나는 취업 준비가 전혀 되어 있지 않았다. 요즘 유행하는 말로 하면 스펙을 쌓지 않았던 것이다. 두세 번쯤 외국계 기업에 지원하여 면접까지 보긴 했는데 보기 좋게 떨어졌다. 한 기업에서는 면접을 여러 번 보러 오라고 해서 내심 기대했는데 결과는 마찬가지였다. 그곳 미국인 임원이 마지막 질문으로 취미가 무엇이냐고 묻기에 팝콘 먹으면서 텔레비전을 보는 것이라고 대답했는데, 그게 결정적인 원인이었던 것 같다. 나를 멋지게 포장해도 모자랄 판에 그렇게 무성의한 대답을 하다니 아무래도 어린 시절의 치기였던 것 같다.

　이 난관을 어떻게 돌파할 것인가? 고민 끝에 미국에서 의류 사업을 크게 하고 있던 친척 이모에게 가서 뭔가를 배워봐야겠다는 생각에 이르렀다. 몇 달 동안 일자리를 찾으러 다니면서 나를 선택해주는 기업이 없다면 차라리 직접 자그마한 사업을 벌여보는 게 낫지 않을까 하는 막연한 결론을 내린 것이다. 그리하여 무작정 미국으로 향했다. 그때는 Y2K 버그로 세상이 떠들썩했던 1999년이었다.

미국에 도착해서 이제는 사업을 벌일 마음으로 주변을 둘러보니 모든 것이 대단해 보였다. 한국에 있을 때는 그저 그렇다고 여겼던 친척 이모의 의류 사업도 너무 멋져 보였다. 사실 당시 이모님은 몸집이 큰 사람들을 위한 플러스 사이즈 의류를 전문으로 팔고 있었는데 엄청난 인기를 끌고 있었다. 그밖에도 멋져 보이는 사업들이 예비 사업가의 눈에 쏙쏙 들어왔다. 당시 큰 인기를 끌고 있던 스무디 주스 사업부터 패션 잡화 사업, 모자 사업, 건강용품 사업 등 미국에서는 별의별 사업이 성공을 거두는구나 하는 생각이 들었다. 그리고 그 사업들 가운데 한국에 들여가도 큰 인기를 끌 수 있는 것이 무엇일까 따져보기에 이르렀다.

그러던 중 미주 한국일보에서 흥미로운 기사를 보았다. 마이클 양이라는 재미동포가 LA호텔에서 무료 강연회를 한다는 기사였는데, 마이클 양은 당시 '마이 사이먼 닷컴'이라는 가격 비교 사이트와 검색 엔진을 씨넷(Cnet)이라는 회사에 7억 달러에 매각한 일로 유명했다. 그 사람은 도대체 사업을 어떻게 했기에 그런 횡재를 했을까? 나는 그 노하우를 얻어듣고 싶어 강연장을 찾았다. 강연장은 정말 입추의 여

지없이 청중들로 꽉 찼고, 마이클 양의 한마디 한마디는 청중들의 마음을 사로잡았다. 그날 강연에서 조만간 비디오 테이프 대여 사업이 사라질 거라고 했는데, 그 말이 인상 깊게 들렸다. 마이클 양은 앞으로 인터넷 인프라가 발달하고, 인터넷 콘텐츠가 풍부해지면 어느 누가 비디오 테이프를 빌려보겠느냐고 했다. 당시 나는 시간을 때우는 일로 거의 매일 비디오 테이프를 빌려 보고 있던 터라 사실 그 말이 실감나지 않았다.

그 강연장에서는 지금 생각해보면 코미디 같은 상황이 연출되기도 했다. 강의가 끝난 뒤, 청중들 가운데 누군가 '저는 인터넷 사업으로 ○○아이템을 생각하고 있습니다' 하고 말하면, 다른 몇몇 청중이 '제가 투자할게요!' 하고 모여 들었다. 현재 인터넷 사업을 하고 있는 사람이 아니라 계획 중이라는 사람에게 서로 투자하겠다고 줄을 선 것이다. 말 그대로 인터넷 사업에 대한 투자 광풍, 즉 인터넷 사업의 버블이 절정에 이른 때였다.

그날 강연은 내게 큰 충격을 주었다. 친척 이모가 하는 의류 사업도 멋져 보이고, 스무디 주스 사업도 꼭 해보고 싶던 차였다. 하지만 어떤 사업을 하더라도 인터넷 사업만큼 영향력이 크지 않을 것 같았다. 그리고 인터넷 사업을 하면 세상을 변화시킬 무언가를 내 손으로 해낼 수 있을 것 같았다. 인터넷 사업은 비디오 테이프 대여 사업을 무너뜨릴 수도 있다니 말이다.

바로 다음날부터 나는 인터넷 사업에 대한 공부를 시작했다. 마이

크로소프트 사를 설립한 빌 게이츠가 쓴 책을 읽고, 일본 소프트뱅크 사의 손정의 회장이 쓴 책도 구해서 읽었다. 미국 인터넷 사업의 성공과 실패 사례에는 어떤 것이 있는지도 찾아보았다. 때마침 한국의 넥슨 사에서 만든 '퀴즈퀴즈'라는 게임이 크게 인기를 끌고 있다는 소식을 들었다. 나는 서둘러 전화선에 연결된 모뎀을 통해 게임을 다운받았다. 다운받는 데 몇 시간이나 걸렸지만, 게임을 직접 해보고 나니 그런 수고로움은 완전히 잊혀졌다. '퀴즈퀴즈'는 그때 내게 완전히 신천지였다. 온라인에서 게임을 하면서 여러 사람과 자연스럽게 어울린다는 게 신선했고, 나만의 캐릭터가 있다는 것도 재미있었다. 온라인 게임이 조금만 더 발전하면 텔레비전이나 다른 매체의 역할을 대신할 수 있을 것 같았다.

그때부터 나는 게임 산업에 대한 정보에 집중하여 파고들었다. 미국에서 공부하고 있던 친구의 소개로 실제 게임을 제작하는 회사를 찾아가보았고, 한국에서 게임을 제작하고 있는 업체들을 눈여겨보았다. 미국에서 만난 일본 친구들은 무척 다양한 게임의 세계를 알려주었다. 특히 일본인들에게 큰 인기를 끌고 있던 모바일게임에 대한 이야기는 내 마음을 완전히 사로잡았다. 모바일 기기를 손에 들고 다니면서 여러 사람과 의사소통도 즐기고, 정보도 찾아보고, 게임도 하는 세상은 상상만 해보아도 가슴이 설레었다.

그렇지만 게임 사업에 대한 막연한 동경만으로는 미국에서 할 수 있는 일이 없었다. 친척 이모가 얼마를 투자할 테니 미국에서 일을 시작해보라고 했지만, 나는 무엇보다 먼저 일을 배우면서 경험과 노하우를 쌓아야겠다는 생각이 들었다. 그리하여 본격적으로 게임과 관련한 일을 해보기로 결심을 굳히고 1년여 만에 한국으로 돌아왔다.

처음 내가 일을 시작한 곳은 일본 게임을 한국으로 수입하고, 한국 게임과 게임 콘텐츠를 일본으로 수출하는 회사였다. 그곳에서 나는 일본 게임이 생각보다 훨씬 더 정교해서 한국 시장에서도 잘 통한다는 것을 배운 한편, 한국 게임이 일본에서 통하려면 시간이 꽤 오래 걸릴 거라는 걸 깨달았다. 알고 보니 하나의 게임이 완성되기까지 매우 치밀하고 섬세한 제작 과정이 필요했다. 또한 그전에는 느끼지 못했던 게임의 새로운 매력도 느꼈다. 게임 속에 실제 사회의 축소판 같은 가상의 세계를 완벽하게 만들 수 있고, 그것을 사람들에게 제공하여 현실에서 경험하지 못하는 것들을 대신 경험할 수 있게 해준다는 것이 무척 흥미로웠다.

새로운 깨달음으로 의욕이 솟구치던 바로 그때 한 게임 개발업체에서 내게 일자리를 제안했다. 그 회사는 게임 개발로 명성이 높고, 열혈 팬들이 많기로 유명했다. 나는 더 많은 것을 배울 수 있는 기회를 놓치기 싫어 그곳으로 자리를 옮겼다. 처음에는 마케팅 팀장으로, 그 다음에는 모바일 사업 팀장으로 일하면서 게임 산업의 매력에 흠뻑 빠졌다. 주위 사람들도 게임에 대한 열정으로 똘똘 뭉친 훌륭한 인재들이라 한마디로 일할 맛이 났다. 한국의 게임 시장이 생각보다 빠른 속도로 성장하는 것도 생생히 보였다. 일본이나 미국 같은 선진 시장으로는 진출하기가 만만치 않지만, 중국으로는 진출할 가능성이 보였으므로 또 하나의 큰 기회가 기다리고 있는 것 같았다. 당시 나는 무엇보다 눈에 띄는 성과를 얻어 행복하고 즐거운 나날을 보냈다. 1년 넘게 꾸려온 모바일 사업팀에서 획기적인 게임을 만들어냈는데 당시 모바일게임 중에서는 매출 1위를 달성하고, 대외적으로는 '이동통신 회사 사업 성공사례 컨퍼런스'에 참석하여 수백 명 앞에서 발표하는 쾌거를 이룬 것이다.

나중에 직접 사업체를 설립할 때, 이 성과가 인연이 되어 유명 벤처 캐피탈 회사를 비롯한 멋진 투자자들을 만났다. 게임 회사를 설립할 때 보통은 돈과 인재를 확보하기가 쉽지 않은데 내 경우에는 상당히 운이 좋았다. 나는 모바일게임 회사를 차리고, 이름을 지오스큐브(GOSCUBE)로 지었다. 지오스(GOS)는 끝없는 서비스 정신(Going on Service), 우수한 인재의 모임(Guild of Superior), 스필버그를 뛰어넘는 창의성(Game over Spielberg)의 머리글자를 딴 이름이다. 지오스큐브는 처음부터 기세를 떨쳤다. 주요 기업들과 제휴를 맺어 게임을 만들었고, 그 게임이 회사를 설립한 지 1년 10개월 만에 '이달의 우수 게임'으로 선정되어 문화관광부 장관상을 받기도 했다. 특히 지오스큐브에서 만든 게임이 포털사이트에서 전체 게임 가운데 매출순위 1위를 4주 내내 차지했다. 사업이 번창하면서 나는 회사 대표의 일뿐만 아니라 여러 게임 매체에 고정칼럼을 연재하고 강의도 나가는 등 몹시 바빠졌다. 개인적으로 여유를 부리는 생활에서 멀어졌지만, 나는 게임이 미래의 중요한 산업이 될 것이고, 모바일게임이 그 중심이 될 거라는 믿음으로 더욱 힘차게 생활했다.

우연히 게임 산업계에 들어와 직접 사업체를 차리기까지 승승장구하는 동안, 나는 게임이 사회에 순기능을 하고 있다고 자부심을 가졌다. 현대인들의 스트레스를 해소할 방법으로 게임보다 더 나은 것은 없을 거라고 큰소리치기도 했다. 그러나 게임업계가 아닌 다른 곳에 종사하는 사람들을 만날 때면 이런 믿음은 종종 무너졌고, 그런 경험이 한두 번 쌓이자 언젠가부터 마음속 깊은 곳에서 죄책감이나 부채감 같은 게 느껴졌다. 먼저, 사람들을 만나면서 실제로 겪은 일화를 소개하겠다.

"너를 뭐라고 소개하지?"

수십 년간 우정을 쌓아 온 친구들이 있다. 그 친구들의 가족과 한자리에서 식사하던 때의 일이다. 한 친구가 초등학교에 다니는 딸에게 다른 친구들의 직업에 대해 설명해주었다.

"이 아저씨는 변호사야. 법으로 사람들을 변호해주고, 변론해주는 사람이야. 존경스럽지?"

"이 분은 의사야. 아픈 사람을 치료해주는 의사 선생님. 네가 아플 때 전화하면 잘 이야기해주실 거야."

"이쪽 분은 연구원이야. 뇌를 연구하는 박사라서 우리 머릿속을 들여다본대. 신기하지?”

“저 아저씨는 학교 선생님이야. 학교 선생님이 무엇을 하는지는 너도 잘 알지? 너희 담임선생님이랑 비슷해 보이니?”

그 친구는 이렇게 차례대로 소개했고, 다른 모든 가족은 웃으면서 그 말을 듣고 있었다. 드디어 내 차례인데 갑자기 친구가 말을 잇지 못하고 머뭇거렸다.

“왜 그러냐?”

“너를 어떻게 소개해야 할지 모르겠어. 게임을 만드는 회사를 운영하는 아저씨라고 말하기가 좀 그래서. 우리 집에서는 게임을 하지 말라고 하거든.”

그 친구는 목청을 돋우더니 나를 그냥 ‘사업하는 아저씨’로 소개했다. 그리고는 내가 서울대학교를 나왔다며 애꿎이 딸에게 공부 열심히 하라는 잔소리를 덧붙였다. 말 그대로 ‘게임’ 회사라는 말을 입에 올리기도 꺼리는 눈치였다. 당시 나는 게임 산업의 최전선에서 뛰고 있다는 자부심과 자존심이 강했던 만큼 마음에 입은 상처도 컸다.

나는 겉으로는 아무 말도 못하고, 마음속으로만 ‘내가 무슨 불법 사업을 하고 있냐? 게임 산업이 우리나라 미래의 먹을거리라는 걸 몰라?’ 하고 변명을 늘어놓았다. 그날 처음으로 남들은 내가 하는 일을 호의적으로 여기지 않을 수 있음을 깨달았다.

"아이들을 게임에 중독시키는 것이 목표입니다"

한 언론사에서 중견 기업인들을 모아 조찬 행사를 연 적이 있었다. 교육 회사, 결혼중매 회사, 출판사 등 다양한 분야의 기업을 이끄는 이들이 나와 같은 테이블에 앉았다. 내가 하는 일을 소개하자, 사람들이 신기하다는 듯 이것저것 물어왔다. 나는 게임이 우리나라의 미래를 이끌 사업이고, 그 중심에 우리 회사가 설 것이라고 자랑하듯 대답했다. 그리고 사람들의 깊은 관심에 나는 점점 흥이 나서 우리 회사뿐 아니라 거의 모든 게임 회사가 목표로 삼는 것을 솔직히 토로했다.

"우리 회사에서 만든 게임에 아이들을 중독시키는 것이 목표입니다."

"중독이요?"

"게임을 즐기는 것을 넘어서서 우리 회사 게임 없이는 살 수 없게 하는 것이 목표이지요. 많은 게임 회사가 이를 목표로 삼고 있습니다. 넥슨 사나 엔씨소프트 사는 그런 단계를 이미 올라섰기 때문에 저렇게 대단한 기업으로 우뚝 선 것입니다."

"그렇군요."

"우리 회사가 만드는 게임은, 휴대폰으로 즐기는 모바일게임으로 학교에서 수업시간에도 할 수 있습니다. 아이들이 선생님의 수업을 귀로 들으면서 손으로는 게임을 하게 하는 것이 최종 목표입니다."

이 말을 마치고 났을 때, 나를 쳐다보던 사람들의 뜨악한 눈빛을 잊을 수 없다. 초면에 너무 솔직했던 탓일까? 그때 다른 산업에 종사하는 분들이 나를 걱정하는 걸 느꼈는데, 사실 그것은 무척 생소한 반응이었다. 그 동안 게임업계 사람들 사이에서는 '아이들을 게임에 중독시킨다'는 말을 스스럼없이 사용했다. 심지어 어떤 게이머가 게임에 중독되어 몇날며칠 같은 게임을 하다가 유명을 달리했다는 기사가 나면 그 게임이 더욱 잘 팔리겠다며 농담을 주고받기도 했다. 이렇듯 게임 개발회사는 게임 중독과 과다사용 문제를 일반인들에 비해 훨씬 가볍게 여겼다. 아니 어쩌면 게임 산업의 성공을 위해서 꼭 필요한 요소로 여겼는지 모른다. 나 역시 그때에는 나를 뜨악하게 쳐다보던 사람들이 뭘 모르는 거라 치부했다. 게임 중독은 게임 산업의 확장에 뒤따르는 어쩔 수 없는 현상이라고 믿었기 때문이다.

"우리는 게임 안 해요"

우리나라 주요 게임 회사 직원들과 시간을 함께한 적이 있었다. 대부분 같은 대학을 나온 후배들이라 꽤 친하게 지냈다. 그 후배들과 인생이나 진로에 대한 고민을 이야기한 적은 있지만, 게임에 대해 진지하게 이야기해본 적은 없었다. 게임을 으레 우리의 일로 여겼기 때문에 특별히 이야기해볼 생각은 하지 않았을 것이다. 그러던 어느 날 아무 생각 없이 한 후배에게 이렇게 물어보았다.

"너는 게임을 자주 하니?"

"일로만 하는데요."

"일로만 한다고? 그게 무슨 뜻이야?"

"잠깐 들어가 구경하는 정도예요. 분위기도 살필 겸. 다른 회사의 게임들도 그런 정도예요."

"플레이를 하지는 않는단 말이야?"

"시간만 빼앗기는 걸요. 일단 게임을 시작하면 계속 하게 되니까 아예 시작을 안 하는 거예요. 사실 게임을 잘 못하기도 하고요."

"어, 그렇구나. 게임 많이 할 줄 알았는데……."

"시간이 아까워요. 게임이 아니라도 다른 할 일이 얼마나 많은데요. 저뿐만 아니라 우리 회사의 팀장 이상 되는 사람들은 거의 게임을 안 할 거예요."

당시에는 이 말도 꽤 섭섭하게 들렸다. 주요 게임 회사를 이끌어가는 사람들이 게임을 안 한다니. 그것도 시간을 빼앗기고, 일단 시작하면 계속 하게 되니까 안 한다니. 게임 산업에 열정을 쏟고 있던 나는 그런 이야기가 아쉽게만 들렸다. 그래서 한마디 하고 싶은 마음이 간절했지만 그냥 삼키고 말았다. 사실은 나 역시 가끔 일 때문에 게임을 할 뿐 게임에 푹 빠져본 적이 없었기 때문이다. 딱 한 번 온라인 고스톱 게임에 빠져 집에만 오면 컴퓨터 앞에 앉아 있었던 적이 있었다. 하지만 다행인지 불행인지 그 게임이 불안정하게 공급되더니 모든 데이터가 날아가고 게임이 뒤죽박죽된 통에 더 이상 게임을 할 수 없게 되었다. 그때를 제외하면 나도 게임에 빠져본 적이 없었다. 게임을 개발하는 회사의 사장과 직원인데도 시간을 빼앗긴다는 이유로 게임을 하지 않는 현실. 뭔가 좀 이상하게 들리지만 실상이 그러했다.

　　이런 일화는 이밖에도 여러 건 더 있다. 이런 일을 겪을 때마다 나도 모르게 게임에 대해 다시 생각하게 되고, 때마침 게임의 폐해를 알리는 뉴스가 나오면 남몰래 가슴이 뜨끔거렸다. 게임의 해악을 전하는 뉴스 내용은 지금이나 그때나 비슷했다. '게임 때문에 범죄를 저지른 아이들', '게임에 지나치게 빠져드는 아이들', '게임이 야기하는 사회적 부작용' 등등. 그전까지는 말도 안 되는 침소봉대라고 여겼지만 이제는 그 뉴스들이 새롭게 보이기 시작했다.

　　내 마음속 깊은 곳에 숨어 있던 죄책감이 차츰 수면으로 떠오르게 된 계기는, 개인적인 친분이 없는 학부모님들을 직접 만나면서부터였다. 게임 회사를 운영하고 있다고 말하면, 많은 학부모님들이 초면인데도 애절한 눈빛으로 상담을 요구했다. 특히 어느 횟집 사장님은 지금도 잊을 수가 없다. 회사 직원들과 회식을 하기 위해 횟집에 들렀는데, 그곳 사장님에게 우리끼리 나눈 이야기가 들렸나 보다. 사장님이 나를 따로 부르더니 음식 값을 받지 않을 테니 당신 자녀의 게임 과다사용을 막을 방법을 가르쳐달라고 했다. 이야기를 들어보니 아주 심각한 수준은 아니지만 게임 때문에 공부나 일상생활에 지장이 있어 보였다. 그러나 나는 어떤 해결책도 말해줄 수 없었다. 그때까지 내 머릿속에는 어떻게 하면 게임을 재미있게 만들까 하는 고민만 있었다. 게임 과다사용을 막을 방법 같은 것은 아예 생각해본 적도 없었다. 횟집 사장님과 그 이야기를 나눈 것은 잠시 잠깐이었지만, 그후 오랫동안 내 마음은 갈팡질팡했고 난생처음으로 '내가 과연 바른 길을 걷고 있는가?' 하는 고민에 빠졌다.

이렇게 나를 당황스럽게 한 일은 또 있었다. 게임을 제작하는 마지막 단계에 이르면, 그 게임이 실제로 재미있는지, 게임에 오류는 없는지 등을 알아보려고 테스트를 한다. 이때 테스터로 지원자를 모집하는데, 테스터 가운데 학교에 가야 할 시간에 우리 회사에 찾아온 학생들이 있었다. 게임에 대한 열정이 대단한 학생들이라며 감탄하기도 했지만, 다른 한편으로는 학교에 가지 않고 우리 회사에 와 있는 것이 부담스럽기도 했다. 그 학생들 말로는 워낙 게임을 좋아해서 학교에서 이해해준다고 하는데 과연 그러한지 달라진 학교 분위기에 의구심이 들기도 했다.

나를 당황스럽게 하고 고민에 빠뜨린 일들은 계속 벌어졌지만, 사실 어떤 것도 결정적인 영향을 끼치지는 못했다. 그렇지만 2008년 나는 한 아이의 아버지가 되면서 그때까지 내 머릿속에 자라고 있던 생각이 뿌리째 뽑히는 경험을 맛보았다. 나를 붙잡고 자녀의 게임 문제로 상담을 요청하던 학부모님들과, 아마도 부모님 몰래 우리 회사에 와서 게임을 테스트했을 학생들이 새삼스럽게 떠올랐다. 그리고 마침내 '내 아이에게 내가 만든 게임을 떳떳하고 자랑스럽게 해보라고 말할 수 있을까?' 하는 물음에 스스로 답해야 한다는 결론에 이르렀다.

내가 만든 게임을 내 아이에게 권할 수 있을까?

답은 '아니오'였다. 그렇다면 나는 남의 자녀에게는 권하면서도 내 아이에게는 권할 수 없는 것을 만드는 셈이었다. 그것은 어떠한 경우에도 이해 받기 어려울 것이다. 아이들이 먹을 불량식품을 만들어 팔면서 자신의 아이에게는 그 식품을 절대로 먹이지 않는 악덕 식품업자와 다를 바가 없지 않은가.

아이들에게 순수하게 꿈과 재미를 주기 위해 게임을 만든다고 말할 수 있지 않을까?

이 물음에 대해서도 답은 '아니오'였다. 아이들에게 재미를 주는 많은 활동 가운데 게임만큼 집집마다 문제를 일으키는 것이 또 있을까? 아무리 살펴봐도 게임과 견줄 만한 것이 없었다. 많은 가정에서 게임이라면 치를 떨거나 적어도 걱정하고 있는 게 현실인데, 아무래도 정상적인 상황은 아닌 것 같았다.

수면 아래에서 고민한 시간이 길었기 때문인지 내가 가야 할 길이 아니라는 결론에 이르자 나는 곧바로 방향을 바꾸었다. 먼저 회사에서 게임과 관련한 사업을 모두 접기로 했다. 그때까지 회사에서 모바일과 온오프라인을 통한 교육 사업도 벌이고 있었는데 실적이 좋지는 않았지만 게임 대신에 이쪽 분야를 키워보기로 했다. 게임 사업으로 큰돈을 벌고 있었으면 당연히 이렇게 하기가 쉽지 않았을 테지만, 다행스럽게도 그 당시에는 사업을 접기 좋을 만큼만 벌고 있었다.

그 후 나는 친구들 사이에서 게임 사업을 하다 그만둔 사람으로 소개되었다. 그러자 주변 사람들이 게임에 대해 훨씬 더 노골적으로 물으며 상담을 요청했다. 주로 자녀들의 게임 문제 때문에 힘들어하는 학부모님들이었다. 이제는 게임 사업을 하던 때보다 좀 더 부모님 편에 서서 문제를 바라보니 함께 공감할 수 있는 이야기가 많아졌다. 그런데 그 과정에서 나는 부모님들이 게임에 대해 전혀 모르거나, 알아도 막연히 아는 정도라는 사실을 깨달았다. 그리고 아이들은 그 빈틈을 최대한 활용하여 게임을 무절제하게 즐기고 있다는 사실도 깨달았다. 부모님들이 게임에 대해 모르면 자녀들의 게임 플레이를 지도할 수 없고, 게임이 궁극적으로 자녀들에게 어떤 영향을 미칠지 예측할 수도 없을 것이다. 이것이 어느 한 가정의 문제가 아님을 알기에 게임 산업에 종사했던 사람으로서 나는 어깨가 무거워졌고, 차츰 뭔가 내가 할 일이 있지 않을까 고민하게 되었다. 무엇보다 나는 그동안 얻은 게임에 대한 지식과 경험을 학부모님들에게 나누어줄 수 있을 것이다. 특히 잘못된 정보를 듣고 긴가민가하며 자녀의 게임 플레이를 방치하고 있는 학부모님들에게 업계 내부의 진실을 말해줄 수 있을 것이다. 자녀들이 스스로 절제하고 분별력을 갖추기 전에는 부모님들이 자녀들에게 올바른 놀이 문화와 방법을 가르쳐야 하므로 내 이야기의 상대는 어디까지나 학부모님들이다.

생각이 여기까지 미치자, 과연 내가 게임에 대해 정확히 알고 있는지 의문이 들었다. 게임에 빠진다는 것이 과연 뭘까? 게임에 빠지면 어떤 기분이 들까? 게임에 빠지면 정말 그곳에서 빠져나올 수 없을까? 정작 나 자신이 게임이라는 하나의 소통수단에 매료되어 말단 직원부터 사장에 이르기까지 10년이 넘도록 일했는데도 게임에 빠져본 적이 없었다. 이런 내가 게임에 대해 문제제기를 하기에는 경험이 한참 부족해 보였다. 게임 중독에 대한 자료와 논문, 책도 많이 읽어보았지만, 나 자신부터 게임 중독의 직접적이고 구체적인 사례에 공감하기가 어려웠다.

나는 게임에 대해 사회적인 문제제기를 해보기로 마음먹은 이상 제대로 해보고 싶었다. 그리고 제대로 된 문제제기를 하려면 내가 직접 게임에 빠져봐야 한다는 결론에 이르렀다. 이제껏 게임을 만드는 입장에서 게임에 대해 고민했다면, 이제는 게임을 즐기는 플레이어 입장에서 게임이 어떻게 작용하는지도 살펴볼 필요가 있었다. 이런 직접적인 경험이 뒷받침되면, 내가 이미 갖춘 지식과 경험에 더해져 새로운 통찰이 가능할 것이다. 그리하여 학부모님들에게 내 이야기를 좀 더 생생하고 설득력 있게 들려줄 수 있을 것이다.

드디어 나는 게임 중독 실험에 돌입했다. 이렇게 써놓고 보니 거창해 보이지만, 사실은 '수퍼사이즈 미'의 실험을 따라한 것이다. 〈슈퍼사이즈 미(Super Size Me)〉는 2004년 모건 스펄록(Morgan Spurlock)이 제작, 연출, 각본, 주연을 맡은 다큐멘터리 영화이다. 이 영화에서 감독은 직접 하루 세끼 맥도날드에서 파는 햄버거만 먹으면서 신체와 정신에 일어나는 변화를 관찰하고 기록했다. 2003년 이 실험을 진행할 때 모건 스펄록 감독의 나이는 32살이었고, 키 188㎝에 몸무게 84.1kg의 건장한 체구에 건강도 양호했다. 그런데 이 실험을 시작한 지 한 달 만에 체중이 무려 11.1kg이나 늘고, 신체 나이도 23.2세에서 27세로 올라갔다. 감독은 살이 찐 것 외에도 우울증, 성기능 장애, 간 질환 등을 겪었다. 흥미로운 사실은 한 달 동안 늘어난 체중을 원래대로 줄이는 데 장장 14개월이 걸렸다는 점이다.

이 영화가 처음 선보였을 때 미국 사회는 큰 충격을 받았다. 이 영화를 통해 흔히 먹는 맥도널드 햄버거가 사람들, 특히 아이들에게 엄청난 해를 끼친다는 사실이 분명히 밝혀졌다. 그 후 이 영화는 맥도널드 햄버거를 비롯한 패스트푸드 판매업체를 상대로 하는 소송에서 증거 자료로 쓰이기도 했다.

이 영화는 시사하는 바가 컸다. 맥도널드 햄버거처럼 우리 곁에 늘 있고, 전 세계인들이 찾는 것이라 하더라도 우리에게 반드시 필요하지는 않다는 점을, 심지어 그것이 사회에 해악을 끼칠 수도 있다는 점을 일깨워주었다.

'슈퍼 사이즈 미' 같은 실험이 사실 안전하지는 않다. 모건 스펄록 감독은 몸이 정상 상태로 회복하기까지 꽤 많은 시간과 노력을 기울였다고 한다. 나는 5개월 동안 한 가지 게임만 집중적으로 하면서 스스로 게임에 완전히 빠진 느낌(일종의 중독 증상)을 경험했고, 나도 모르게 게임을 위해 돈도 썼으며, 다소 위험 수위에 이른 감정 상태를 경험하기도 했다. 게임 중독 실험이 끝난 지금도 게임을 다시 하고 싶어 손이 근질거리는 걸 보면, 아직 완전히 게임에서 빠져나오지 못한 것 같다.

나는 1부에서 이 게임 중독 실험의 과정을 일지 형식으로 기록했다. 게임을 즐기는 아이들이 이 과정을 똑같이 겪었다고 보면 될 것이다. 이미 그 과정을 깊숙이 따라 들어간 아이들도 있고, 이제 막 초입에 들어선 아이들도 있을 것이다. 부모님들 가운데 게임에 빠지는 과정에 공감하기 어려운 분이 있다면 게임이 아닌 다른 것에 빠져본 경험을 떠올려보실 것을 권한다. 그리하면 이 글뿐만 아니라 아이들의 마음으로 들어갈 지름길이 보일 것이다. 2부에서는 내 경험과 지식을 바탕으로 게임과 게임 회사들에 대한 진실들을 밝혀 적었다. 게임에 대해 이야기하는 어느 누구의 글보다도 가장 솔직하고 진실한 글이라고 자부한다. 3부에서는 게임 중독에서 아이들을 구해낼 방법에 대해 썼다. 구체적이고 실질적인 방법들이라 분명히 도움이 될 것이다.

현재 게임 산업은 브레이크 없이 전속력으로 달리고 있다. 그러나 이제는 누군가 속도를 조절해야 할 시점이다. 게임 산업의 가장 큰 소비자이자 피해자인 어린아이들과 청소년들에게 진짜 즐거움이 무엇인지 알려주어야 한다. 온라인게임을 즐기는 것이 시대의 큰 흐름인 것처럼 호도해서는 결코 안 된다.

사실 내 젊음을 오롯이 바친 게임업계에 대해 솔직하고 진실하게 말하기가 많이 망설여졌다. 나의 지난 과거와, 과거에 맺었던 인연을 부정하는 일 같아서 두렵고 그만두고 싶었다. 그렇지만 어떤 경우에도 진실을 말하는 사람은 인정을 받을 거라 믿고 있다. 여러분께 부족한 글이라도 일독해주시기를 바란다.

게임회사가
우리 아이에게
말하지 않는 진실

Part 1

나의 게임 중독 실험

왜 **게임 중독 실험**을 하는가?

앞에서 이야기한 〈슈퍼 사이즈 미〉에서 모건 스펄록은 한 달 동안 맥도널드의 슈퍼 사이즈 세트 메뉴를 매일 세 번씩 먹으며 하루에 5천 칼로리를 소비했다. 그 결과 한 달 만에 체중이 11.1킬로그램 늘고, 신체 나이는 4세 가까이 올라갔다. 무엇보다 우울증, 성기능 장애, 간 질환 등 신체와 정신에 질병이 생기고, 원래 체중을 되찾는 데 14개월이 걸렸다.

나는 이 실험을 게임에 적용해보기로 하고 필요한 것을 하나둘 준비했다. 처음 게임 사업을 정리했다는 말에 선배들과 친구들은 많이 놀라워하면서도 이 실험을 준비한다고 하니 응원해주었다. 특히 자녀의 게임 문제로 심각하게 고민하고 있던 지인들은 실험의 결과를 기대한다며 지지를 보냈다.

지금까지 흔히 알려진 게임의 폐해를 열거하면 이러하다. "게임을 하면 시간을 많이 빼앗긴다." "게임을 오래 하면 눈에도 안 좋고 자세도 안 좋아진다." "게임을 하는 사람에게 폭력성이 생길 수 있다." 이렇듯 게임의 폐해가 매우 단편적으로 이야기되는 탓에 게임 회사나 게임을 즐기는 사람들에게 손쉬운 조롱거리가 되었다. 다른 한편으로는 흉악하고 패륜적인 범죄 사건이 보도될 때면 가해자가 게임 중독자였다고 언급하는 걸 자주 볼 수 있다. 이와 같이 게임을 단편적이고 매우 부정적인 시각으로 보면 게임 문제를 온전히 이해하는 데 방해가 될 뿐이다. 바로 이 부분에서 내 실험의 의미를 찾을 수 있으리라고 본다. 게임을 열렬히 지지하는 이들에게는 그 지지를 물리치게 할 만큼 내 실험이 논리적이어야 할 것이다. 이와 반대로 게임을 무작정 미워하는 이들에게는 내 실험을 통해 게임의 어떤 점이 위험한지 정확히 알 수 있게 해야 할 것이다.

아직은 게임 문제가 어린아이들과 청소년들에게 한정되어 있지만, 곧 성인들의 게임 문제도 대두될 것이다. 2011년을 기준으로 하여 현재 30대 중반, 즉 1976~77년 이후에 태어난 이들은 본격적으로 학창 시절에 친구들과 어울려 피시(PC)방에서 게임을 즐긴 세대이다. 이 성인들 역시 게임의 폐해를 입을 수 있다. 따라서 내 실험이 아이들뿐만 아니라 어른들에게도 중요한 교훈을 줄 거라 믿어 의심치 않는다.

어떤 **게임**에 **중독**될 것인가?

친한 사람들 사이에서 나는 '청교도'라는 별명으로 불린다. 술과 담배를 하지 않고, 특별히 즐기는 오락도 없다. 평상시에 하는 여가활동이라면 책과 신문 읽기가 전부이다. 전형적인 '범생이'타입이라 할 수도 있고, 아니면 생활이 좀 단조로운 편이라 할 수도 있다.

실제로 나는 사람들이 재미있어 하는 것에 별 재미를 못 느꼈다. 1980년대 후반 중학생 시절에 친구들은 열을 올리며 만화책을 보았지만 나는 도무지 재미를 못 느꼈다. 중학생이라면 누구나 좋아할 법한 만화를 내가 거들떠보지도 않자, 어머니는 뭔가 걱정이 되었는지 내 친구 집에서 이현세의 《공포의 외인구단》을 빌려다 주기까지 하셨다. 그러나 그 만화마저도 6권쯤 읽고 더는 읽지 않았다. 사실 만화책에 푹 빠진 친구들이 내 머리로는 잘 이해되지 않았다. 성인이 되어서도 이런 성향은 바뀌지 않았다. 친구들 가운데에는 온갖 것에 빠지는 친구들이 더러 있었는데, 그 친구들을 보면 한심하다 못해 속으로 '이 친구는 도대체 왜 이렇게 살까?' 하고 한탄하기도 했다.

게임 중독 실험을 하기로 결정한 나는, 이 같은 내 성향을 다시 분석해보면서 과연 내가 게임에 중독될 수 있을지 의문이 들었다. 실험이 성공적으로 진행되려면 내가 게임에 푹 빠져들어야 할 텐데 마음만 먹는다고 과연 될까?

주위에는 자녀의 게임 문제를 걱정하는 부모님들 못지않게 아예 걱정하지 않는 부모님들도 꽤 있다. 그런 부모님들 가운데 "우리 아이는 좀처럼 게임에 깊게 빠지지 않는다. 그래서 믿고 시킨다. 걱정하지 않는다"라고 말하는 분들이 있었다. 내 마음이 이분들의 마음과 같았다. 나는 속으로 '게임에 아무리 빠져도 중독까지 가지는 않을 거야'라고 확신했다. 오히려 실험을 앞두고 내가 게임에 중독되지 않을까 봐 걱정이 들기까지 했다. 이런 면에서 이번 실험은 자녀의 게임 문제를 전혀 고민하지 않는 부모님들에게도 뭔가 의미를 던져줄 수 있을 것이다.

나는 이번 실험 대상으로 평소에 관심을 두고 있었던 축구 게임을 골랐다. 온라인게임 가운데 인기순위 10위 안에 들 정도로 많은 사람이 즐기는 게임이었다. 스포츠 게임이라 게임 분위기가 그리 어둡지 않은 점, 게임의 룰을 따로 배우지 않아도 되는 점이 이 게임을 고른 이유였다. 내가 이 게임에 정말로 중독될 수 있을까?

처음에는 게임을 하다 말다 반복하다

2010년 10월, 드디어 본격적인 실험에 돌입했다. 그런데 며칠 만에 게임을 하는 게 지루해지기 시작했다. 이 게임을 실험 삼아 하는 거라는 생각 때문인지 게임을 하는 것 자체에 금세 싫증이 났다. 아무리 재미있는 것이라도 업무로 생각하면 재미가 덜해지는 것과 같은 이치일 것이다. 사실 게임을 아주 좋아하던 사람이 게임 회사에 취직하고 나서는 게임과 멀어지는 경우를 종종 보았다. '잘하는 사람은 좋아하는 사람을 못 이기고, 좋아하는 사람은 즐기는 사람을 못 이긴다'는 말이 확실히 맞는 것 같았다.

처음 며칠 특히 나를 지치게 한 것은, 게임을 하면서 단 한 번도 이기지 못했다는 사실이다. 계속되는 패배는 게임의 흥미를 떨어뜨리는 중요한 요인이었다.

하루는 아내가 게임하는 내게 말을 걸었다.

"당신 얼굴이 왜 그렇게 빨개?"

"어, 게임하는 중이야."

"게임을 하는데 왜 얼굴이 빨개져?"

아내는 곁으로 다가와 내가 게임하는 모습을 한참 지켜보더니 한마디 더 덧붙였다.

"그렇게 질 것을 뭐 하러 해? 기분만 상할 텐데."

"그렇지? 그래서 이겨볼 거야."

그렇게 대답해놓고 보니, 마음속에서 승부욕이 꿈틀거리는 게 느껴졌다. 별것도 아닌 이런 게임에서 한 번도 못 이기다니 나답지 않아!

그때 나는 주로 저녁을 먹고 난 밤시간에 게임을 하고 있었다. 그런데 며칠 나를 지켜보던 아내가 드디어 싫은 소리를 했다. 아내가 걱정할 게 분명해서 나는 게임 중독 실험을 하고 있다는 말을 하지 않았다.

"그 시간에 잠을 좀 더 자는 게 어때? 아니면 아이하고 놀아주든가 책을 읽든가 다른 할 일도 많잖아."

재미있게도 아내의 잔소리를 들으니 게임을 몰래 더 하고 싶다는 욕망이 꿈틀거렸다. 게임하는 게 지루해져 차라리 다른 게임으로 바꿔볼까 고민하던 차에 아내의 잔소리가 좋은 자극제가 된 것이다. 그래, 아내의 눈을 피해서 게임에 제대로 한번 빠져봐야겠어! 곧바로 나는 실험을 게을리한 자신을 반성하고 새로운 마음으로 하루도 빠짐없이 게임에 임했다.

처음에는 게임을 하는 시간이 하루 30분쯤 되다가 곧이어 1시간쯤으로 늘었다. 하지만 이때는 나 스스로 시간을 통제할 수 있었다. 즉 게임을 10분만 하고 끝내겠다고 마음먹으면 그대로 실행했고, 30분만 하겠다고 마음먹을 때도 그렇게 했다. 게임에 빠져보지 않은 사람이

라면 무슨 그런 당연한 말을 하느냐고 물을지 모르겠다. 나도 나중에
야 이런 시간 통제가 불가능하다는 것을 깨달았다. 그러나 아무튼 이
때까지는 나 스스로 게임을 즐기는 시간을 통제할 수 있었다.

게임이 점점 **재미있어**진다

　　11월, 실험을 시작한 지 두 달째에 접어들었다. 차츰 상대와의 대결에서 이기는 경우가 많아졌다. 역시 시간을 들이면 그만한 보상을 받는 거로군! 이제 와 돌이켜보면 이때가 위험한 시기였다. 드디어 게임의 세계에 본격적으로 입문하는 시기인 것이다. 게임에 시간을 들인 만큼 노력의 대가가 뒤따른다는 걸 스스로 인지하는 순간, 이제부터는 게임을 더 열심히 하겠다는 다짐을 하게 된다. 그래서 게임에서 질 경우 자연스럽게 '내가 열심히 하지 않아서 졌어. 더 노력해야겠어' 하는 생각을 하게 된다. 나는 게임을 시작한 지 한 달 만에 이 시기가 찾아왔다. 아마도 어린아이들과 청소년들은 이 시기를 더 빨리 감지할 것이다. 게임 자체에 워낙 익숙하기도 하고, 아이들이 즐겨하는 게임은 이런 결과가 더 빨리 드러나도록 설계되어 있기 때문이다.

　　얼마 전에 출간되어 인기를 끌고 있는 《타이거 마더》(에이미 추아 예일대 교수가 쓴 책으로, 엄격한 훈육법으로 자녀를 키운 내용을 담고 있다)에는 이런 글이 들어 있었다. "그 무엇도 잘하기 전까지는 재미가 없다."

이 책에서는 주로 학업에 초점을 맞춰 이야기했지만, 게임도 예외가 아닌 것 같다. 나는 처음에는 게임이 재미없었다. 그래서 적응 기간이 필요했다. 게임에 집중적으로 시간을 들이고 나니 실력이 약간씩 나아졌다. 그러자 게임이 급속도로 재미있어졌다. 시간을 계산해보니 내 경우에는 게임을 한 누적시간이 30시간이 넘어가자 본격적인 재미가 느껴졌다.

또한 게임의 상대를 이길 때 느끼는 쾌감도 묘했다. 특히 나보다 실력이 떨어지는 상대가 한판 더 붙자고 나오면 어쩐지 확실히 이겨서 본때를 보여주고 싶은 충동이 생겼다. 처음 그런 충동이 들었을 때, 내 마음속에 도사리고 있는 잔인함을 확인하는 것 같아 섬뜩했다.

한편 나보다 실력이 나은 상대를 만나면 무척 부러웠다. 처음 실험을 시작한 10월에는 게임을 잘하는 상대에게 별다른 감정이 없었는데, 11월에 들어서는 그 상대의 모든 것이 부러웠다. 상대방의 실력 자체도 부럽고, 상대방이 키우는 캐릭터와 어울리는 팀도 부러웠다. 가만히 살펴보니 게임을 잘하는 사람은 성격이 두 부류로 나뉘었다. 유난히 겸손한 사람들, 아니면 수다스럽게 자랑하는 사람들. 게임을 할 때 채팅을 통해 대화가 오가는데, 후자인 경우 대개 이런 식으로 말을 건다. "그렇게 게임 할 거면 그만둬." "똥컴(성능이 좋지 않은 컴퓨터를 뜻한다)으로 게임하니까 피곤하지?" "너무 재미없어서 못하겠네. 나는 발로 할게."

실험을 시작한 첫째 달인 10월에는 이런 상대를 만나도 특별한 느낌이 없었다. 그런 말을 별 뜻 없이 받아들였고, 그냥 희한한 사람이다 있구나 하는 느낌뿐이었다. 승부에 집착하지 않던 때라 그런 이야기를 무덤덤하게 받아들일 수 있었던 것 같다. 그런데 둘째 달인 11월에는 느낌이 달라졌다. 짜증과 화가 치밀어 오르면서 나를 약 올리는 상대를 찾아가 때려주고 싶은 마음까지 들었다. 예전에 신문에서 게임을 통해 서로 약을 올리다가 실제로 만나서 폭력을 행사했다는 기사를 읽고 피식 웃은 적이 있는데, 그 일이 새삼 떠오르면서 남 이야기 같지 않았다.

이렇게 실력이 좋은 사람이 나를 약 올리고, 거기에 내가 불끈 화가 치솟는 경험을 하고 나자 이때부터 게임에서 꼭 이기는 비법을 찾아나섰다. 게임을 하는 사람이 이 시기에 이를 때가 게임 회사 입장에서는 돈을 벌기 좋은 때이다. 게임 회사에서 필승 비법으로 게임 아이템을 준비해놓았기 때문이다. 게임 아이템이란 게임을 잘하도록 도와주는 게임상의 온갖 물품으로 돈을 주고 구입하면 사용할 수 있다. 이를테면 축구 게임에서 좀 더 빨리 뛰고 싶으면 좋은 신발을 구입하여 선수에게 신기면 된다. 그러면 선수가 훨씬 빨리 뛰어다닐 수 있어서 게임에서 이길 확률이 높아진다. 이 무렵에 나는 게임에서 지면 상대를 보며 이런 생각을 하기에 이르렀다. '아, 저 사람은 ○○아이템을 사용해서 게임을 잘하는 거구나.' '멋지다. 나도 빨간 신발 신고 싶다. 저걸 신으니까 달리기가 아주 빨라졌어.'

그러나 이때까지 나는 게임을 하면서 돈을 쓸 생각은 한 번도 하지 않았다. 가상의 세계에서 내 능력을 키우려고 돈을 써? 한마디로 그런 돈이 아까웠다. 이전에도 아이템을 쓰는 게이머들을 만나면 아이템을 왜 사는지 묻곤 했다. 대답은 늘 똑같았다. "게임을 잘하려구요." 11월까지도 나는 '게임을 잘하기 위해' 돈을 쓰는 일은 상상도 하지 않았다. 다만 게임을 잘하는 사람이 부러웠고, 그 가운데 게임을 잘하면서 나를 약 올리는 사람은 정말 미웠다.

머리가 **핑** 돌고 **빙빙** 돈다

11월 어느 날, 게임을 한 시간쯤 하고 일어섰는데 머리가 핑 돌았다. '이게 무슨 일이지?' 한 번도 이런 적이 없었는데 이상하다는 생각이 들었다. 방 밖으로 나가 식탁 의자에 앉았는데도 여전히 머리가 빙빙 도는 것 같았다. 그때는 회사 일로 피곤한 탓일 거라 여겼고, 실제로 얼마 안 있어 괜찮아졌다.

그 다음날 또다시 게임을 했다. 10월에는 게임을 한 지 30분이 넘어가면 시간이 아깝고, 게임을 이미 충분히 했다는 느낌이 들었지만 11월에는 한 시간이 금방 지나갔다. 그렇게 신나게 게임을 하고 있는데 다시 머리가 핑 도는 것 같았다. 이 어지럼증은 게임에서 비롯된 게 분명했다. 게임을 하지 않을 때는 못 느끼다가 게임을 하는 사이에나 뒤에 느끼는 걸 보면 말이다. 게임을 하고 나서도 서 있을 때보다는 게임을 할 때처럼 앉아 있을 때 어지럼증이 느껴졌다. 눈이 피로한 결과일 수도 있고, 온 신경을 곤두세운 결과일 수도 있다. 아무튼 축구 게임을 시작한 지 2개월 만에 몸에 이상이 생기기 시작했다.

분명히 밝히건대, 나는 지금껏 살면서 한 번도 어지럼증을 느껴본

적이 없었다. 빈혈도 없다. 이 어지럼증은 게임을 30일 넘게 한 뒤에
생겼다. 그것도 보통 때가 아닌 게임을 하고 난 뒤에만 어지럼증을 느
꼈다. 처음에는 게임을 끝내고 나서 어지럼증이 1~2시간 지속되었
다. 이 실험을 시작한 지 6개월 뒤인 2011년 3월에는 어지럼증이 무려
5~6시간 지속되었다.

이런 어지럼증은 한창 두뇌활동이 왕성한 어린아이들과 청소년들에
게 치명적인 해를 끼칠 것이다. 그렇지만 아이들이 이런 증상을 겪고
있다고 해도 주위에서 눈치채기 쉽지 않을 것이다. 게임을 하면서 얻은
어지럼증은 일상생활을 하는 데 큰 문제가 없기 때문이다. 나 역시 머
리가 빙빙 돌다가도 잠시 의자에 똑바로 앉아 기지개를 켜고 나면 참을
만해졌다. 하지만 문득문득 느껴지는 어지럼증 때문에 길을 가다가 갑
자기 쓰러질 수도 있겠구나 하는 무서운 생각이 들기도 했다.

나도 모르게 뭔가를 발로 차고 싶다

실험을 시작한 지 두 달째 또 다른 증상이 나타났다. 일종의 '감정의 연속' 같은 것이다. 게임을 하고 난 뒤, 게임 속에서 한 행동을 현실에서 직접 해보고 싶은 마음이 들었다.

내가 하고 있는 축구 게임은 실제 축구와 거의 비슷하다. 게임 속에서 나는 한 팀을 운영하고, 내 팀의 선수들은 쉴 새 없이 축구장을 뛰어다닌다. 공을 힘차게 차기도 하고, 멋진 슛을 날리기도 한다. 상대편이 거칠게 태클을 하면 살짝 피하기도 한다. 실제 축구 선수들과 거의 똑같이 움직인다.

축구 게임을 한 시간쯤 하고 나자, 나는 직접 운동장을 뛰면서 공을 뻥 차고 싶은 마음이 들었다. 애초에 총이나 칼로 상대와 힘을 겨루는 게임을 선택하지 않은 게 다행이라는 생각마저 들었다. 총을 쏘는 게임을 실컷 즐겼다면 분명히 진짜 총을 쏘고 싶은 마음이 들었을 것이다. 실제로 축구 게임을 하고 나서 마음속에 떠오른 생각은 이러했다. '앞에 있는 저 사람을 제치고 싶다.' '내 발로 공을 자유자재로 다루면서 뛰어보고 싶다.' '다른 사람에게 강한 태클을 걸어보고 싶다.' 게임을 즐긴 한 시간 동안, 나의 뇌는 직접 축구장을 뛰어다닌 거로 인식을 한 것 같다. 게임이 끝난 뒤에도 그 착각에서 빠져나오기가 쉽지 않았다.

사실 게임을 하는 사람들은, 뇌의 이런 착각 상태를 즐긴다. 이를테면 칼싸움 게임을 하는 사람은 자신이 칼을 능수능란하게 다룰 줄 아는 진짜 무사가 된 것처럼 느낀다. 그리고 이런 느낌이 강렬하게 드는 게임을 잘 만들어진 게임으로 여긴다. 총싸움 게임을 하는 사람은 멀리서도 무엇이든 명중시킬 줄 아는 저격수가 된 것처럼 느낀다. 사람들은 이런 게임을 통해 대리만족을 느끼는 것이다.

실제로 축구 게임을 하는 동안에 나는 세계적인 축구선수인 메시나 호날두나 박지성이 된 것처럼 느꼈다. 게임이 끝나고 나서도 왠지 모를 뿌듯함이 느껴졌다. 비록 게임에서나마 내가 세계적인 선수가 되어보았다는 자부심과, 현실의 나도 그렇게 될 수 있을 거라는 착각이 들었다. 이때쯤 게임 회사들은 게임 이용자들에게 돈을 쓰게 할 수 있다. 모든 상황이 게임 회사에 유리해졌다.

게임을 위해 돈을 쓰다

앞에서 말한 대로 나는 게임을 열심히 하는 사람은 이해해도 게임 아이템을 사려고 돈을 쓰는 사람은 이해되지 않았다. 가상의 세계에서 즐거움을 누리려고 돈을 쓴다니!

내가 차츰 게임에 빠져들기 시작한 때에도 이런 생각은 변함없었다. 다른 사람들이 게임을 잘하려고 돈을 쓰는 모습이 눈앞에서 보였지만, 내 이성은 이를 용납하지 않았다. 처음 실험을 시작하기 전부터 나는 게임을 위해 돈을 쓰지 않을 거라는 자신이 있었다. 나 자신이 그만한 통제력은 있을 거라고 자신했다.

하루에 한 시간 이상씩 꼬박꼬박 게임을 해온 지가 2개월이 넘어갔다. 앞에서 말했듯 11월부터는 승리의 기쁨을 알았고, 승부에 집착하게 되었다. 그러다보니 자연스럽게 게임 아이템 구입에 관심이 갔다. 그래도 돈을 쓰기는 싫었다. 돈은 결코 쓰지 말아야 한다는 다짐이 아직 충만했다.

그래서 생각해낸 방법이 각종 카드의 포인트를 사용하는 것이었다. 게임 아이템을 사려면 꼭 돈을 써야 하는 줄 알았는데 그게 아니었다.

카드 포인트로 게임 아이템을 살 수 있다는 걸 알고 어찌나 기쁘던지! 마침내 나는 신용카드 포인트로 게임 아이템을 구입했다.

게임 아이템을 여러 종류 구입하고 나니 게임을 하기가 너무 편해졌다. 돈을 쓰는 것은, 게임을 편하게 할 수 있는 지름길이었다. 또한 아이템을 사용하여 게임을 하니 무엇보다 상대방을 이기는 경우가 많아졌다. 내가 조종하는 캐릭터들이 훨씬 빨리 뛰어다닐 수 있게 되었으니까. 승부에 집착하고 있을 때, 돈을 들이면 이길 수 있다니!

신용카드 포인트로 구입한 게임 아이템이 거의 소진되었다. 이번에는 오케이캐쉬백 포인트로 아이템을 구입했다. 한번 아이템을 사용해서 게임을 편하게 하고 나자, 아이템 없이 게임을 하는 게 억울하게 느껴졌다. 다른 게임 이용자들이 모두 아이템을 사용하는데 나만 그냥 할 수는 없지 않은가!

끝내 나는 돈을 주고 아이템을 구입했다. 분명히 내 돈으로 사는 것인데, 휴대폰 요금과 함께 결제될 예정이라 당장은 돈을 쓰지 않은 것처럼 느껴졌다. 아무튼 10월에 게임을 시작하여 12월 23일에 처음으로 돈을 내고 아이템을 구입했다. 3개월 만에 게임을 위해 돈을 쓴 것이다. 처음에는 돈이 아깝기도 하고, 이렇게까지 해야 하나 싶기도 했다. 하지만 아이템을 사용하여 게임에서 편하게 이기고 나니 찜찜함은 간데없이 마음이 후련해졌다. 심리적 마지노선은 이렇게 무너졌다.

선은 한번 넘기가 어렵지 그 다음부터는 쉽다고 했던가? 2010년 12월 23일, 27일, 28일, 29일, 31일. 게임 아이템을 사려고 휴대폰 결제를 한 날짜이다. 순식간에 거의 3만 원을 썼다. 이제 심각한 문제가 하나 생겼다. 아이템을 살수록 더 좋은 아이템을 사고 싶은 충동이 일었다. 3만 원을 쓰고 나니 6만 원을 쓰고 싶었다. 6만 원을 쓰면, 내가 얼마나 강한 팀을 만들어서 게임을 여유롭게 즐길 수 있을지 마구 상상이 갔다. 나를 약 올리던 다른 게임 이용자들을 보란 듯이 이길 수도 있을 것 같았다. 다른 게임 이용자들 역시 좋은 아이템으로 무장하고 있지 않은가! 게임 세상에서는 게임을 하면서 돈을 쓰는 일이 너무도 자연스러웠다.

연승의 기쁨을 누리다

게임에 제대로 빠져드는 시기는, 게임에 익숙해져 아주 편하게 플레이를 할 때이다. 그리고 같은 게임을 하는 다른 게임 이용자들에게 실력을 인정받을 때이다. 12월 말쯤 나 역시 시간을 들인 만큼 게임 실력이 늘었다. 무엇보다 게임 아이템을 3만 원어치 사놓아서 대결에서 이기는 일이 많아졌다. 말 그대로 승리의 기쁨을 누렸다. 특히 나보다 실력이 떨어져 대결하면 분명히 패배할 상대가 씩씩거리면서 "한판 더!" 하고 외치면 은근히 짜릿했다. 상대방을 마음껏 '갖고 놀 수' 있으니까. 하지만 조만간 그 상대방도 내 실력이 게임 아이템에서 나온 것을 깨닫고서 나처럼 돈을 써서 실력을 키울 것이다.

어쨌든 실험을 시작한 뒤로 가장 즐거운 때가 이때였다. 거의 3개월 동안 만날 지기만 하다가 게임 아이템을 사고 나서 그 효과를 톡톡히 봤으니 말이다. 예전에는 열 번의 대결 가운데 한 번을 이길까 말까 했는데, 아이템을 사용한 뒤로는 다섯 번쯤 이겼다. 심지어 연속으로 대여섯 번을 이길 때도 있었다. 이렇게 이기는 경우가 많으니 게임이 점점 더 재미있어졌다. 공부든 운동이든 다른 것들도 마찬가지일

것이다. 자신이 잘하면 재미있다고 느끼고, 못하면 재미없다고 느낄 것
이다. 그런데 게임은 다른 것들에 비해 잘할 때 느끼는 재미가 훨씬 더
큰 것 같았다. 가만히 생각해보니, 같은 게임을 하는 다른 게임 이용자
들에게 받는 인정 때문이었다. 뭔가를 잘해도 자기 혼자 만족할 때보다
는 주위 사람들에게 인정을 받을 때 즐거움이 더욱 커지지 않은가.

즉 게임을 잘하면 바로 이런 과시의 즐거움을 맛보게 된다. 실력이
좀 나은 게임 이용자들은 채팅을 통해 상대방으로부터 실력이 부럽다
는 말을 자주 듣는다. 그리고 게임 아이템 구매에 대해 조언해달라는
말도 듣는다. 그리하면 자신이 그 게임을 아주 잘아는 선생님이 된 것
같다. 자신이 그 게임의 진짜 주인공이라는 착각에 빠진다!

전화도 안 받고 아들도 모른 체하다

실험을 시작한 지 3개월쯤 지나자, 게임을 하는 동안에 는 백 퍼센트 집중하고 싶어졌다. 그전까지는 게임하는 중에도 전화를 받고, 누가 부르면 대답했다. 식사를 해야 하면 곧바로 게임을 끝내고 밥을 먹으러 갔다. 그런데 12월 말부터는 그런 것들이 모두 싫어졌다. 게임에만 온전히 몰두하고 싶은데 주위에서 이를 방해하는 것 같았다.

보통은 어떤 일을 하다가 우선순위에서 더 급하거나 중요한 일이 생기면 이를 먼저 해결한다. 그런데 게임에 빠져들고 보니 이런 상식대로 행동하기가 어려워졌다. 더 급하고 중요한 일보다 게임이 먼저였다. 그래서 주위 사람들이 보기에 결코 이해되지 않는 행동을 아무렇지 않게 하게 되었다. 나 자신의 행동이 이해되지 않아 당황스러웠다. 하지만 게임을 하는 동안 다른 일이 생기면 분명히 '짜증이 났다.' 심지어 주말에 집에서 1시간쯤 게임을 하고 있는데 사랑스런 아들이 다가와 뭐라고 말을 걸어도 짜증이 났다. 그 즉시 '내가 왜 이러지?' 하고 후회가 들었지만, 그것도 한순간이고 곧바로 게임에 몰두하여 아들은 본체만체했다.

　게임의 중요한 특징 가운데 하나가 몰입성이다. 사람들이 게임을 하는 동안 몰입하게 하는 것, 사실 이것이 게임 회사의 과제이자 목표이다. 미하이 칙센트미하이는 자신의 저서 《몰입》에서 '몰입이란 단순한 기쁨이나 열중을 뛰어넘는 단계'라고 말했다. 즉 '완벽한 심리적 몰입'을 뜻한다. 누구나 평생 배우고 알아야 할 것이나, 자신의 반쪽을 만나 사랑하는 일에 몰입하면 더없이 좋을 것이다. 반면에 게임에 몰입하면 순간적인 쾌락밖에는 얻을 것이 없다. 게임은 신체나 정신에 자산을 쌓는 활동도 아니고, 특별한 목적을 가지고 하는 활동도 아니다. 이런 활동에 몰입하는 것은, 시간과 정신노동의 낭비이다.

　사실 뭔가에 몰입한다는 것은 즐거운 일이다. 하지만 게임에 몰입하면 앞에서 말한 대로 우리는 확실히 엉뚱한 곳으로 가게 된다. 더 자극적인 쾌락만 쫓아 소중한 일상생활을 무시하게 된다. 그렇지만 여러분이 이미 게임을 즐기고 있다면 그 게임에 몰입할 수밖에 없는 운명에 처해 있다고 보면 된다. 게임은 처음부터 그것을 목표로 제작되었으니까.

하루라도 게임을 안 하면 **불안하다**

매일 하는 일 가운데 하루 쉬었을 경우 불안감을 느끼게 하는 걸로 무엇이 있을까? 직장에 하루 나가지 않으면 불안할까? 매일 읽던 책이나 텔레비전 시청을 하루 쉬면 불안할까? 매일 얼굴 보던 사람을 하루 보지 않으면 불안할까?

그렇다면 게임은 어떨까? 나는 스스로 의지가 매우 강하다고 늘 자신했다. 그러나 게임 중독 실험을 시작한 지 4개월쯤 되자, 게임을 하루라도 하지 않으면 몹시 불안해지고 신경이 날카로워졌다. 집안에 일이 생겨 어쩔 수 없이 게임을 하지 못할 때에는 불안감이 더욱 심해졌고, 회사일이 바빠서 밤늦게까지 게임 할 시간을 내지 못할 때에도 가끔 불안감이 엄습했다. 그리고 그 불안감으로 인한 스트레스가 나도 모르게 자주 분출되었다. 예전 같았으면 결코 화를 내지 않았을 일에 화를 내고, 이유 없이 문을 쾅쾅 닫기도 했다.

2011년 2월 8일부터 18일까지, 그러니까 실험을 시작한 지 5개월째 되는 달에 내가 게임 사이트에 접속한 기록을 살펴보면 다음과 같다. 2월 8일, 9일, 10일, 11일, 13일, 14일, 15일, 18일. 11일 동안에 8

일은 게임을 했다. 사흘(12일, 16일, 17일)은 게임을 하지 않았는데, 게임을 안 했다기보다는 '도저히' 게임을 못할 상황이었다는 표현이 맞을 것이다. 회사 일이 바빴고, 저녁 약속이 늦게까지 이어져 게임을 하지 못한 것이다. 그렇게 게임을 하지 못한 날에는 마음을 졸이며 머릿속으로는 계속 게임을 떠올렸다. 마치 뜨거운 사랑을 나누고 있는 애인을 매일 보다가 하루 못 만나는 것 같은 기분이었다. 그리고 다음 날이 되면 게임 하는 시간을 평소의 갑절로 늘여서 쌓인 스트레스를 풀고 불안감을 해소했다. 이제 게임은 내가 즐기는 놀이가 아니라 내 일상을 지배하는 무엇이 되어버린 것 같았다.

게임에도 분명히 금단현상이 있다. 담배나 알코올을 끊었을 때처럼 게임을 못 하면 금단현상이 나타나는 것이다. 나는 실험을 시작한 지 4개월쯤 지나자 금단현상이 찾아왔다. 내가 직접 겪어 보니 게임 때문에 부모님과 충돌하는 아이들의 심정이 생생히 느껴졌다. 아이들 역시 게임을 시작한 지 3~4개월이 지나면 금단현상이 찾아와 게임을 안 하면 불안감을 느낄 것이다. 바로 이때 부모님이 게임을 못 하게 하면, 아이들은 거칠게 반응할 수밖에 없다. 자기도 모르게 뭔가 불안감을 느끼고 있는데, 부모님이 화를 돋워 부채질하는 듯한 기분이 드는 것이다.

이런 금단현상을 겪는 과정에서 흥미롭게 느낀 점은, 눈코 뜰 새 없이 바쁠 때는 게임 생각이 덜 나지만, 조금이라도 여유가 생기면 게임 생각이 간절해진다는 것이다. 바쁜 중간에 잠시라도 쉬는 시간이 생기면 곧바로 게임 사이트에 접속해야 할 것 같은 기분이 들었다. 잠시 잠깐 머리를 식히는 사이에 이런 생각이 쏙 비집고 들어오다니 게임이 정말 대단한 마력을 지닌 게 분명했다. 그리하여 짧은 쉬는 시간에 게임 사이트에 접속을 하자마자 빠져나온 적도 있었다. 로그인하여 게임 사이트를 잠시 둘러본 뒤 바로 나왔다. 마치 담배를 피우지 못할 상황에 놓인 흡연자가 담배를 손으로 만지작거리거나 입에 잠깐 물었다 내려놓는 것과 같았다. 어느덧 게임은 내 생활의 일부, 또는 전부가 되어갔다.

업무시간인 **대낮에도** 게임을 하다

　　　　　게임 중독 실험을 시작하면서 내 나름대로 규칙을 정했는데, 그 가운데 하나가 아침이나 낮에는 게임을 하지 말자는 것이었다. 회사 일을 해야 하기 때문에 낮시간에 게임을 하기는 거의 불가능했고, 무엇보다 잘못하다가는 내 생활 자체가 망가질까 염려되었기 때문이다. 그러나 그런 다짐과 규칙도 머지않아 힘을 잃고 말았다. 게임을 시작하기 전에 꼭 지킬 거라 확신하고 규칙을 정해놓았지만 게임에 한번 빠지고 나니 아무 소용이 없었다. 평소 의지력이 강하고, 웬만하면 잘 참는 성격인 내가 이 정도인데, 판단력이 정확하지 않고 의지가 약한 어린아이들이나 청소년들은 어떨까?

　　내가 낮에 게임을 시작한 계기는 단순했다. 점심을 먹고 나서 30~40분간의 휴식시간에 게임을 해보자는 단순한 생각에서 출발했다. 실제로 짧은 휴식시간을 효율적으로 이용하는 방법 같았다. 여기저기 인터넷 사이트를 돌아다니면서 시시한 뉴스를 보는 것보다 차라리 그 시간에 게임을 하면 좋을 것 같았다. 아뿔싸! 그건 착각이었다. 차츰 대낮에 게임을 하는 내 태도가 조금씩 변해갔다. 대낮 게임이 너무 달콤하고 재미났으니까.

처음에는 식사를 거르고 게임을 하는 나 자신을 발견했다. 점심을 먹고 난 30분 동안 게임을 하다 보니 감질나기만 해서 도무지 참을 수 없었다. 그래서 책상 위에 생수를 두 통 올려놓고 물로 배를 채우면서 게임을 했다. 점심시간 1시간을 꼬박 게임에 쏟고 나니 게임에 대한 갈증이 웬만큼 채워지는 것 같았다.

그 다음으로 나는 업무상 손님과 점심식사를 할 경우 오후에 30분쯤 게임을 해도 좋다는 규칙을 스스로 만들었다. 식사시간에 일을 했으니까 나 자신에게 일종의 보상으로 게임을 허용한 것인데, 정말 말도 안 되는 생각이다. 대낮에 게임을 즐겨보려고 별의별 구실을 만든 것이다.

여기서 더 나아가 이제 나는 일을 하다 스트레스를 많이 받거나 생각이 잘 풀리지 않으면 오후 서너 시에도 접속하여 30분 이상 게임을 즐겼다. '이러면 안 되는데……' 하는 생각은 접속할 때뿐이고 곧바로 게임 삼매경에 빠져들었다.

아침이나 낮에는 게임을 하지 않겠다는 애초의 규칙은 완전히 효력이 없어졌다. 규칙은 규칙일 뿐이었다. 조금이라도 시간이 나고 여유가 생기면 나는 게임에 빠져들었다. '이러면 안 되는데……'라는 생각 대신에 '이렇게 재미있는 것을 왜……'라는 생각이 금세 내 머릿속을 지배해버렸다. 이제는 대낮에도 게임을 하는 것이 전혀 어색하지 않았다.

머리는 **지끈거리고** 뒷목은 **뻣뻣해지고**

이제 게임 뒤에 찾아오는 어지럼증이 일상화되었다. 틀림없이 게임을 하고 나면 머리가 핑핑 도는 느낌이 들었지만, 별달리 걱정하지 않고 그대로 받아들였다. 그런데 실험을 시작한 지 5개월이 지난 2011년 2월부터는 어지럼증이 아닌 심한 두통이 느껴졌다. 이제 껏 한 번도 겪어보지 않은 굉장히 심한 두통이었다. 가끔 게임을 오래 하면 그 두통이 사라지기도 했다. 하지만 머지않아 나는 두통이 게임 때문에 생겨났고, 게임을 오래 할수록 두통이 더 심해진다는 사실을 깨달았다.

그토록 심한 두통이 뒤따랐지만 나는 게임을 그만두지 않았다. 이제는 실험을 위해서가 아니라 그저 게임이 하고 싶었다. 드디어 게임에 중독된 것이다. 두통약을 먹고 게임을 하면서 '아, 내 인생에서 뭔가를 이렇게 열심히 했던 적이 있었나?' 하는 생각이 절로 들었다. 사실 나는 평소에 약간이라도 두통을 느끼면 그 아픈 느낌이 싫어서 무조건 휴식을 취했다. 그런데 게임이 무엇인지 평소의 내 습관마저 완전히 힘을 못 쓰게 만들었다. 두통약을 먹으면서까지 게임에 다시 달

려들다니.

　몸의 변화는 이것뿐만 아니었다. 게임을 하고 나면 얼굴이 자꾸 벌게지고, 눈도 벌게졌다. 게임을 끝내고 거울을 보면 나 자신이 넋이 나간 것처럼 보였다. 게임을 끝내고도 눈은 더 벌게져서 다른 사람을 쳐다보기가 민망할 정도였다. 그러나 다행히도 30분쯤 지나면 벌게진 눈과 얼굴은 정상으로 돌아갔다.

　사실 진짜 문제는 손목과 목에 있었다. 두통이 찾아온 그 무렵 손목과 목에도 통증이 느껴지기 시작했다. 게임을 하고 나면 항상 손목이 얼얼하고 아팠다. 오른손잡이라 유난히 오른쪽 손목이 아팠다. 그나마 손목의 통증은 일상생활에 큰 불편을 끼치지 않았다. 운전대를 잡을 때 손목이 약간 뻐근한 정도였다. 더 심각한 곳은 목이었다. 장시간 게임을 하면서 똑같은 자세로 앉아 키보드를 꾹꾹 눌러대니 목에 무리가 간 것 같았다. 내 경우는 오른쪽 뒷목이 아팠는데, 이 역시 내가 오른손잡이로 오른손을 많이 써서 그런 것 같았다.

　이 같은 신체의 변화는 어린아이나 청소년들에게는 좀 더 천천히 나타날 수 있다. 하지만 내가 게임을 한 시간은 하루에 1시간에서 1시간 반 정도였고, 그것도 5개월밖에 되지 않았다. 일반적으로 아이들이 게임을 하는 시간보다 더 적게 했다. 이렇게 따져보면 아이들의 신체 변화가 나중에야 나타날 거라고 말할 수 없을 것 같다. 즐기기 위해서 하는 일 때문에 건강까지 희생할 필요는 없다. 그 일이 무엇이든 말이다. 하지만 게임에 빠지면 우리 몸 곳곳에 이상증세가 생길 수밖

에 없다. 아쉽지만, 나는 몸에 이상 신호가 온 만큼 이 실험을 더 이어
갈 수 없었다. 내 마음과 몸이 더 많이 망가지기 전에 이 실험을 그만
두기로 결심했다. 그리고 앞으로는 절대 게임을 하지 않기로 혼자 다
짐했다.

　이렇게 해서 나의 실험은 끝났다. 그러나 실험이 끝났다고 스스
로 선포한 뒤에도 게임을 그만두지 못했다. 게임을 그만두는 게 쉬
운 일이 아니었다. 게임을 시작하는 것과, 끝내는 것은 너무나 달랐
다. 게임을 시작하는 것은 매우 쉬웠고 내 의지로 가능했지만, 게임
을 끝내는 데는 상당한 노력이 필요했다. 나는 게임을 끊기 위해 일
종의 전쟁을 벌였다. 구체적으로 어떤 노력을 했는지는 뒤에서 밝히
겠다.

　나는 이 게임 중독 실험을 통해 어린아이들과 청소년들이 어떤 방
식으로 게임에 중독되고, 게임에 빠지면서 어떤 심리 변화를 겪는지
알아보고 싶었다. 아이들이 어떤 계기로 게임에 흥미를 붙이고, 언제
쯤 게임에 돈을 쓰고, 왜 승부에 집착하는지 궁금했다. 게임을 하는
도중 몸과 마음이 어떻게 변화하고, 게임 때문에 몸과 마음이 어떻게
잘못되는지 궁금했다. 분명히 밝히고 싶은 것은, 나는 게임 회사를 운
영하는 경영자였을 뿐 게임을 즐기는 사람이 아니었다는 점이다. 나
는 난생처음으로 게임에 중독된 사람으로서 그 과정을 있는 그대로
전하고 싶었다. 그리하면 우리 아이들의 상황을 파악하는 데 틀림없
이 도움이 될 거라 여겼다. 내 이야기에 공감하지 못한 부모님도 있겠

지만, 문제의 심각성을 체감한 부모님들도 분명히 있을 것이다. 2부에서는 게임 회사들이 결코 이야기하지 않는 진실들을 파헤쳐볼 것이다. 우리 아이들이 빠져 허우적대고 있는 게임의 수렁이 실제로 어떤 모습을 하고 있는지 확인할 수 있을 것이다.

Part 2

게임 회사가 이야기하지 않는 것들

 게임에 대해 막연히 부정적으로 생각한다. 반면에 게임을 즐기는 아이들은 게임에 대해 상당히 호의적이다. 게임의 적극적인 지지층으로, 부모님의 뜻을 거스르며 게임을 하기도 한다. 한편, 게임 회사들은 게임에 대해 적극적으로 알리지 않는다. 이따금 게임의 어두운 면만 부각된다며 볼멘소리를 할 뿐이다. 얼마 전 16세 미만 청소년들의 심야 게임 접속을 금지한 게임 셧다운 제도가 국회에서 통과되었는데, 문화부 장관을 지낸 김종민 게임문화재단 이사장은 이를 비판하면서 미국은 게임에 대한 사회적 인식이 나쁘지 않아서 중독(어딕션)이라는 표현보다는 과다사용(오버유스)이라는 표현을 쓴다고 했다. 책임 있는 자리에 있는 사람들이, 언제나처럼 게임의 실체에 대해서는 정확하게 말하지 않고 지엽적인 문제로 물타기를 하고 있는 듯하다.

그렇다면 게임을 직접 만드는 게임 회사들은 왜 게임의 실체에 대해 이야기하지 못할까? 왜 앞에 나서서 게임에 대해 명확히 말하지 않고 뒤에서 이러쿵저러쿵하는 걸까? 한국화학연구원의 박종목 책임

연구원은 게임 회사들이 게임 중독 문제를 이야기하는 걸 불편해할 일이 아니라, "오히려 게임을 해도 임상적으로 아무런 문제나 부작용이 없고 안전함을 적극적으로 입증하고 과학적인 근거도 마련해야 한다"고 주장한다. "제약회사가 새로운 약을 출시할 때면 그 약효뿐만 아니라 독성, 부작용에 대한 임상 자료를 제시하여 무해함을 증명하는 것과 같은 이치"라는 것이다. 정확하고 명쾌한 지적이지만, 게임 회사들은 여전히 꿈쩍도 하지 않고 있다.

지금도 '아이에게 게임을 허락해야 할까, 금지해야 할까? 게임을 적당히 하도록 교육할 수 있을까?' 하고 궁금해하는 학부모님들이 많다는 걸 안다. 학부모님들이 이런 판단을 쉽게 내리지 못하는 것은, 게임에 대한 제한적인 지식 때문일 것이다. 즉 게임 회사들이 정확한 정보를 주지 않은 탓이다. 나는 지금부터 그 동안 게임 회사들이 말하지 않은 게임의 실체를 하나씩 밝혀보겠다.

1장

TV와 온라인게임은 무엇이 다른가?

지금 자녀를 두고 있는 학부모님들은 대부분 어린 시절을 텔레비전과 함께 보낸 '텔레비전 세대'일 것이다. 내 어린 시절을 돌이켜보아도 텔레비전과 관련된 일화가 매우 많다. 당시 부모님들의 큰 관심사 가운데 하나가 텔레비전 중독 문제였다. 좀 더 부드럽게 말하면, 어떻게 하면 아이들에게 텔레비전을 현명하게 보여줄까 하는 것이었다. 오죽하면 텔레비전을 바보상자라고 불렀을까? 텔레비전에 집중하면 아무 생각을 못하게 된다고 해서 그런 이름이 붙었을 테지만, 우리 부모님 세대가 어떻게든 아이들에게 텔레비전을 덜 보게 하려고 만들어낸 말일 가능성이 높다.

아무튼 그 당시 텔레비전은 아이들의 정신을 황폐화하고, 공부를 방해하는 강력한 적으로 인식되었다. 그래서 텔레비전의 부작용이 끊임없이 보도되었다. 한 아이가 당시 유행하던 외화 〈600만 달러의 사나이〉를 보고 흉내 내다 아파트에서 뛰어내린 가슴 아픈 사건이 있었는데, 이를 모든 어린이에 해당되는 일인 것처럼 뉴스마다 크게 보도하기도 했다.

심지어 내가 고등학교를 다니던 시절에는 요즘의 컴퓨터처럼 비밀번호를 설정할 수 있게 한 신형 텔레비전이 나오기도 했다. 아이들의 텔레비전 시청을 막기 위한 것이었다. 한 친구는 부모님이 그 텔레비전을 들여놓았다며 울상을 지었지만, 겨우 며칠 만에 텔레비전을 다시 볼 수 있다며 좋아했다. 텔레비전 리모컨을 반짝거릴 정도로 닦아놓은 다음 부모님이 남긴 지문을 통해 비밀번호 네 자리를 찾아낸 것이다.

당시 학부모님들 입장에서는 분명히 텔레비전이 아이들에게 해만 끼친다고 생각했을 테지만 사실 좋은 영향도 많이 끼쳤다. 먼저 텔레비전은 뉴스나 퀴즈 프로그램, 다큐멘터리 같은 프로그램으로 아이들에게 상식을 가르치는 중요한 역할을 했다. 나 역시 텔레비전 뉴스를 보면서 다양한 시사상식을 익혔다. 초등학교 2학년 때 쓴 일기장을 보면, "텔레비전에서 본 유엔 사무총장이 너무 멋지다. 나도 나중에 유엔 사무총장이 되어야겠다"라는 대목이 있는데, 그때 내가 텔레비전을 보지 않았다면 어떻게 그런 생각을 했겠는가? 또한 당시 유행하던 〈장학퀴즈〉 프로그램은 나를 넓은 상식의 세계로 인도했고, 그 프로그램에 출연해 문제를 척척 풀어내는 형들을 보면서 나도 '척척박

샤가 되고 싶은 꿈을 키웠다.

또한 각종 드라마는 내게 상상력과 스토리텔링 실력을 키워주었다. 스토리텔링 실력은 세계적인 미래학자인 다니엘 핑크가 미래 인재의 여섯 가지 능력 중 하나로 꼽지 않았는가. 어렸을 때 본 〈개국〉이라는 드라마는 아직도 주인공 얼굴들이 생각나는데, 고맙게도 고려 왕조 붕괴와 조선 왕조 건립의 과정을 내 머릿속에 쏙 집어넣어주었다. 당시 아이들에게 크나큰 즐거움을 주었던 텔레비전 프로그램 가운데 코미디 프로그램과 스포츠 중계도 빼놓을 수 없다.

텔레비전 프로그램들은 혼자서만 즐기고 마는 것이 아니었다. 친구들과 함께 대화할 수 있는 중요한 이야깃거리가 되기도 했다. 무서운 부모님 때문에 텔레비전을 전혀 못 본 친구가 있었는데, 세상 돌아가는 일을 모르겠다며 스스로 답답함을 토로한 적이 있었다. 이런 면에서 보면 텔레비전은 당시 우리에게 좋은 친구였고, 오히려 지적 성장을 도운 훌륭한 매체였다. 분명히 '바보상자'는 텔레비전의 역할을 저평가한 호칭이라고 볼 수 있다.

그렇다면 요즘 학부모님들이 바보상자로 꼽는 것은 무엇일까? 단연 개인용 컴퓨터이다. 그것도 인터넷이 연결되어 있어서 언제든 게임을 다운받을 수 있고, 사이트에 접속해서 게임을 즐길 수 있는 컴퓨터이다. 아이들에게서 텔레비전을 떼어놓으려는 수십 년 간의 전쟁이 마무리되자, 이제 게임이라는 더 강력한 적수가 나타난 셈이다. 지금 게임은 우리 사회 전체의 적수로 부상하고 있다. 학부모님들은 게임 때문에 아이들이 도무지 공부를 하지 않는다고 걱정하고, 언론은 게임 때문에 다양한 범죄자들이 나타나고 있다고 우려하고, 학자들은 게임으로 인해 비사회적이고 반사회적인 인류가 탄생하고 있다고 경고한다.

하지만, 수십 년 전의 텔레비전과 게임이 무엇이 다른지 정확히 알고 있을까? 텔레비전이 '바보상자'로 매도된 것처럼 게임 역시 잘못된 대우를 받고 있는 건 아닐까? 아이들을 게임에서 떼어내려 조바심치기 전에 먼저 게임이란 무엇인지 그 본질을 정확히 파악해보자.

게임과 텔레비전 프로그램의 가장 큰 차이는 콘텐츠(또는 스토리)의 유무라 할 수 있다. 달리 말하면 메시지의 유무라고도 말할 수 있다. 텔레비전 프로그램은 보는 사람 입장에서는 수동적으로 들여다보는 것이지만 그 안에는 내용(콘텐츠)이 많이 들어 있고, 전달하려는 메시지도 있다. 주로 웃음거리를 전달하는 예능 프로그램이라도 그 안에 사소한 생활정보가 들어 있는 경우가 많고, 하다못해 코미디언들의 입담이 들어 있어 우리를 즐겁게 웃게 해준다.

그러나 온라인게임에는 전달하려는 메시지가 전혀 들어 있지 않다. 스토리도 없고, 어떤 종류의 지식도 없다. 간혹 게임 중에는 엄청난 세계관을 반영하여 제작했다는 것도 있고, 역사적 사실에 기반한 것도 있고, 경제적 지식을 늘일 수 있는 것도 있다고 하지만 내가 보기에는 그저 포장된 말일 뿐이다. 엄청난 세계관을 느끼고 싶다면 《반지의 제왕》 같은 책이나 영화를 보면 될 것이다. 게임을 하는 것보다 시간도 훨씬 더 적게 들 것이다. 역사적 사실에 기반한 게임이라도 찬찬히 살펴보면 결국 역사책 10~20쪽 분량을 배경으로 삼았을 뿐이다. 책을 겨우 몇 십 쪽 읽으면 얻을 역사적 지식을 얻으려고 게임에 수많은 시간과 가끔은 상당한 돈까지 들여야 할까? 경제적 지식도 마찬가지다. 게임과 돈의 관계에 대해서는 나중에 자세히 이야기하겠지만, 경제적 지식을 익히려면 편의점이나 빵집에 가서 아르바이트를 해보는 것이 훨씬 도움이 될 것이다. 게임을 하다 보면 돈의 위력을 느끼긴 하는데, 여기서 얻은 교훈은 '돈이 최고'라는 것뿐이다. 돈이 최고라는 생각을 가르치는 걸 경제 공부라고 볼 수 없지 않은가?

그래서 나는 언론에서 (온라인)게임을 콘텐츠 산업의 선두주자라고 표현하는 걸 보면 마음이 편치 않다. 도대체 어떤 콘텐츠에 이렇게 메시지도 없고 스토리도 없는가? 콘텐츠라고 하려면 분명한 메시지가 있어야 하고, 그로 인해 감동도 주어야 한다. 소설책의 경우, 기본적인 재미 외에 작가가 전달하려는 메시지가 있어서 독자에게 여운을 남긴다. 그리고 이런 소설은 영화나 뮤지컬, 텔레비전 드라마 등 또 다른 형태의 콘텐츠로도 제작된다. 이른바 '원 소스 멀티 유즈(One Source Multi Use)'가 가능한 것이다. 몇 년 전에 재미있게 본 〈하얀 거탑〉이라는 텔레비전 드라마도 원작은 일본 소설이었다. 텔레비전 드라마 〈대장금〉이 뮤지컬이나 만화 애니메이션으로 제작되고, 영화 〈라디오 스타〉가 연극과 뮤지컬로 만들어진 것도 이 '원 소스 멀티 유즈'의 좋은 사례이다.

이처럼 (온라인)게임에는 스토리와 메시지, 감동이 모두 빠져 있으므로 콘텐츠라기보다 일종의 '시간 때우기 도구'로 보는 게 맞을 것 같다. 그런데 단순히 '시간 때우기 도구'로 여기기에는 시간과 비용을 꽤나 많이 요구한다. (온라인)게임은 한 번 즐기기 시작하면 수백, 수천 시간을 들여야 한다. 비용을 따져보면, 처음에는 공짜로 시작할 수도 있지만 제대로 게임을 즐기게 되면 한 달에 몇 만 원은 손쉽게 사용한다. 게임에 푹 빠진 경우를 가정하면 수십~수백 만 원을 사용할 수도 있다.

게임과 텔레비전 프로그램의 또 다른 차이는, 접근성에서 찾아볼 수 있다. 게임은 누구나 원하면 1년 365일 하루 24시간 내내 사이트에 접속하여 즐길 수 있지만, 텔레비전 프로그램은 원한다고 아무 때나 볼 수는 없다. 물론 요즘은 IPTV 덕분에 원하는 시간에 원하는 프로그램을 골라서 볼 수 있긴 하지만, 보통 게임을 즐기는 컴퓨터만큼 널리 보급되지는 않았다.

2장

게임 회사가 말하지 않는 진실

앞에서 나는 텔레비전 프로그램과 비교하여 (온라인)게임이 스토리나 메시지를 갖추고 있지 않은, 단순한 시간 때우기 수단이라고 말했다. 그러나 게임으로 돈을 벌고 싶어하는 게임 회사들과, 게임 산업에 우호적인 학자들은 게임의 이점을 이야기하면서 게임을 통해 배울 점이 많다고 주장한다. 그 사람들의 말처럼 과연 우리 아이들이 게임을 하면서 뭔가 배울 수 있는 걸까? 지난 10여 년간 내가 게임업계에서 일하면서 얻은 지식과 경험, 5개월간의 게임 중독 실험을 통해 얻은 직접적 경험에 비추어보면 이 물음에 대한 답은 '아니오'이다.

이제부터 그들의 주장과, 나의 주장을 차근차근 밝힐 것이다. 사실 나의 주장이란, 내가 게임업계에 아직 몸담고 있다면 말할 수 없었을 이야기, 즉 '게임 회사가 결코 말하지 않는 진실'이다.

게임을 하면 **협력하는 법**을 배울 수 있다?

그들의 주장

지금 학부모님 세대는 어렸을 적에 '같은 게임을 여럿이 함께 즐기는' 경험을 하지 못했다. 여럿이 함께 하나의 게임을 하면서 협력하거나 다투어본 경험이 없다는 말이다. 예전에는 오락실에서 친구끼리 맞은편에 앉아 게임을 즐긴 게 전부였다. 단지 승부를 가릴 뿐 게임 안에서 뭔가 함께하지는 못했다. 이때 친구 사이에 오가는 대화라고 해봐야 오락실에서 크게 웃고 떠드는 것이 전부였다.

한편 요즘에 나오는 게임은 기본적으로 여러 명이 함께한다. 그래서 게임을 하면서 서로 대화를 나누기도 하고, 때로는 경쟁도 한다. 경쟁을 하다 보니 다른 사람을 앞질러야 내가 얻는 게 많고, 어처구니없이 내 것을 다른 사람에게 빼앗기기도 한다. 흥미로운 점은, 같은 게임을 즐기는 사람들끼리 인터넷상에 커뮤니티(게임 용어로 '길드'라고 한다)를 만들고 그곳에 가입하여 활동한다는 것이다. 이런 게임 커뮤니티는 학부모 세대에게는 생소할 테지만, 요즘의 게임을 즐기는 세대에게는 필수적인 요소이다.

따라서 이렇게 달라진 게임과 게임 문화를 통해 아이들은 커뮤니티를 만들고 이끌어가는 힘을 기른다. 그리고 실제로 커뮤니티 활동을 통해 다양한 사람들과 협력하는 방법을 배울 수 있다. 요즘 같은 시대에는 이 같은 리더십과 협동심은 자연스럽게 온라인 활동을 통해 익혀야 한다. 온라인 활동 가운데에서도 공동의 목표와 목적을 향해 함께 뛸 수 있는 게임을 하면 더 잘 익힐 수 있다.

나의 주장

게임 중독 실험을 하느라 막상 게임을 시작했을 때 뭘 어떻게 해야 할지 몰라서 정말 막막했다. 무작정 게임 사이트에 접속하여 같은 게임을 하고 있는 이들에게 물어봤지만 제대로 된 대답은 들을 수 없었다. 실험기간 5개월 동안 '이건 어떻게 해야 하는 거예요?' 같은 질문을 많이 던졌는데, 게임 플레이어들의 답변은 주로 비아냥거림이나 욕설이었다. 한마디로, '그것도 모르면서 여기서 헤매고 있냐?' 정말로 그 많은 게임 플레이어들 가운데 딱 한 명이 친절하게 이것저것 설명해주었고, 나는 너무 고마운 마음에 그 사람과 게임 상에서 바로 친구 관계를 맺었다.

이른바 게임 세상은 현실 세상보다 더 자극적이다. 무엇보다 속도를 중요시하는데, 우리 속담 그대로 게임 세상에서는 시간이 곧 돈이다. 아마도 게임을 즐기는 사람들이 피시방에서 시간당 얼마씩 내고 게임을 즐기는 경우가 많아서일 것이다. 또한 집에서 게임을 하더라도 부모님과 약속하여 제한된 시간 안에 게임을 끝내야 하기 때문일 것이다. 그래서 게임을 하는 도중에 누군가 질문을 해오면 귀찮아하고 무시하기 일쑤이다. 게임 커뮤니티가 활성화되는 이유도 여기에서 찾을 수 있을 것이다. 도움이 필요한 사람들이 한자리에 모여서 게임 지식을 나누는 곳이 바로 그런 게임 커뮤니티인 것이다.

하지만, 게임은 결국 승패를 갈라야 하고, 남들 위에 내가 올라서야 하는 구조로 되어 있다. 그러므로 게임 커뮤니티에는 저마다 자신의 게임 실력을 키우거나 게임의 재미를 추구하는 사람들이 모인다. 그곳에서 게임과 상관없는 인간적이고 정신적인 교류는 거의 불가능하다. 오히려 자신이 속한 커뮤니티 동호인들이 아닌 다른 게임 플레이어들을 모두 적으로 여기기 때문에 엉뚱하게도 비이성적인 적대심을 배우기 십상이다.

실제로 게임을 즐기는 아이들은 이런 게임 커뮤니티에 대해 어떻게 생각할까? 간단히 '네이버 지식인' 같은 것을 검색해보기만 해도 아이들의 생각을 생생히 알 수 있다.

첫째, 아이들은 커뮤니티 활동을 인간적인 유대감을 기르는 기회로 여기지 않는다. 아이들이 커뮤니티에 가입하는 것은 단순한 호기심과 게임에 대해 더 알고 싶은 바람 때문이다. 그러므로 게임 커뮤니티 내에서는 일회성 만남이 흔하다.

둘째, 게임 커뮤니티에 소속된 사람들의 다양성을 감안하면 의사소통 자체도 이루어지기가 쉽지 않다. 같은 커뮤니티에 소속되어 있다고 아저씨들이 초등학생들과 이야기를 나눌 수 있을까? 고등학생의 경우 중학생만 되어도 상대를 안 해주는 게 현실 아닌가. 결국 게임 커뮤니티는 의사소통의 공간으로써는 무용지물이고, 게임을 잘 하기 위한 노하우만을 공유하는 공간인 것이다.

그렇다면 게임 커뮤니티는 과연 누구에게 중요하고, 어떤 면에서 중요할까? 바로 게임 회사들에게 중요하고, 게임 회사들의 이익을 위해 중요하다.

게임 회사들 입장에서 보면, 게임 커뮤니티는 게임에 대한 충성도를 높여 지속적으로 게임을 즐기게 하는 효과가 있다. 아무래도 혼자보다는 커뮤니티에 소속되어 게임을 즐기면 그 게임에 더 큰 흥미를 느끼기 때문이다. 또한 게임 커뮤니티에서 게임 노하우를 활발히 전수하면 초보자라도 쉽게 게임에 빠져들게 되기 때문이다(물론 게임에서 빠져나오기는 어렵게 되어 있다). 따라서 게임 회사들은 게임 자체를 잘 만드는 것 못지않게 게임 커뮤니티를 잘 꾸미는 것에도 많은 신경을 기울인다. 게임 회사들의 홍보 기사만 보아도 그 사실을 알 수 있는데, 대충 이런 식이다. '기존보다 커뮤니티를 더욱 강화해 정치와 경제 시스템을 업그레이드했다.' '기존 게임을 대대적으로 업그레이드하고 길드 시스템을 도입해 커뮤니티 기능을 강화했다.'

자, 이래도 게임을 통해 커뮤니티 활동을 배우고 협력의 소중함을 느낄 수 있다고 믿을 것인가? 이 말은 게임을 포장하기 위한 게임업계의 홍보 전략일 뿐이다. 게임 커뮤니티는 아이들의 리더십이나 협동심과는 거리가 멀다. 이제 이런 말에 더는 솔깃해서는 안 된다.

게임을 하면 **사회성**이 **길러진다?**

요즘 교육 세태를 이야기할 때 아이들이 학교보다 학원에서 배우는 것이 더 많다는 말들을 한다. 그런데 학원보다 아이들이 더 많은 것을 배우는 곳이 있다는 사실을 아는가? 게임 세상이 바로 그곳이다. 파격적인 주장으로 들릴 테지만, 이제 게임은 선생님 역할까지 한다. 아이들은 게임을 통해 경제학의 기초 개념인 자원 배분의 효율성이나 근로의 개념에 대해 배운다. 무엇보다 재미있는 것은 온라인게임을 통해 아이들이 사회에 대해 새롭게 알게 된다.

게임 속 사회는 실제 사회의 축소판이다. 어쩌면 실제 사회보다 더 혼탁한 곳일 수도 있다. 아이들은 학교에 가면 선생님을 제외하면 같은 또래만을 만나지만, 게임 속 사회에서는 다양한 연령대, 많은 경험을 한 사람들을 만난다. 실제 사회에서처럼 게임 속 사회에서도 사기, 절도, 폭력, 거친 말다툼 등이 생긴다. 게임 속 사회에서는 게임 실력이 뛰어난 사람은 높은 지위를 차지하고, 게임 실력이 뒤처진 사람은 사회의 낙오자처럼 생활한다.

이런 이유로 아이들은 게임을 하는 동안 단순히 재미만을 느끼는 게 아니라 실제 사회와 비슷한 또 하나의 사회를 직접 경험하게 된다. 그리고 게임 속 사회에서 생활방식과 태도, 예의 등을 배우게 된다. 따라서 부모님들은 자녀들이 게임 속 사회를 제대로 배우고 있는지 관심 있게 지켜보기만 하면 된다. 그 정도면 충분하다. 자녀들 세대에는 게임이 대세이고 필수이므로 무조건 게임을 반대하지 말고 적극적으로 활용하여 아이들에게 도움이 되도록 하자.

나의 주장

먼저 우리는 학교에 가는 자녀들에게 어떤 충고를 하는가? 내가 학창시절에 부모님에게서 들은 충고를 정리해보면 이렇다.

- 학교에 가면 새로운 친구들이랑 사이좋게 지내라.
- 싸우면 서로 손해니까 주먹질하며 싸우지 마라.
- 학교에서 선생님 말씀 잘 듣고 수업에 집중해라.
- 점심은 친구들과 함께 맛있게 먹고, 쉬는 시간에는 열심히 뛰어 놀아라.
- 방과 후에는 다른 아이들과 어울려 위험한 곳에 가지 말고, 좋은

친구를 가려 사귀어라.
- 못된 형들이 돈을 빼앗으면 비상금을 순순히 줘라.

모두 맞는 말이고, 대부분 요즘 아이들에게도 해줄 수 있는 충고이다. 또 사회생활을 하는 우리에게도 필요한 충고이다. 우리가 학교에서 배운 것과 사회에서 배운 것이 동떨어진 것은 아니다. 학교와 사회는 연장선상에 있어서 일맥상통하는 부분이 많다. 따라서 요즘 학교생활이 아무리 각박하다고는 하지만 아이들이 학교에서도 사회성을 충분히 기를 수 있다. 그렇다면 게임 속 사회를 경험하는 아이들에게는 어떤 충고를 해줄 수 있을까?

- 게임을 할 때 다른 플레이어들에게 욕하지 말고 정정당당하게 승부해라.
- 게임을 하면서 절대 흥분하지 마라. 게임에 이길 때도 있고, 질 때도 있는 법이다. 게임에 졌을 때 마음을 잘 정돈할 수 있어야 다음번에 이길 수 있다.
- 게임 속 사회에서 무조건 순종해야 할 상대는 없다. 상대의 말을 들을지 말지는 스스로 판단해라.
- 게임 속 사회에서도 고민거리가 있을 수 있다. 고민거리가 생기면 나(부모)와 의논해라. 언제든지 내가 도와줄 것이다.
- 상대방이 시비를 걸면 피해라.

　게임을 하는 아이들에게 해줄 수 있는 충고도 얼핏 보면 사회성과 관련된 것들이 많다. 정정당당한 승부, 감정 절제 등 모두 주옥 같은 충고이다. 그런데 나는 두 가지 점을 지적하고 싶다. 먼저 애초에 게임을 하지 않았으면 생기지도 않았을 문제들에 대비하는 충고라는 점이다. 그리고 실제 게임을 하게 되면 이 충고를 따르기가 쉽지 않다는 점이다. 아니, 불가능하다고 보는 것이 옳다. 지금 게임을 하는 아이들은, 게임을 하지 않았으면 아예 생기지 않았을 문제들을 겪고 있고 그것 때문에 괴로워하고 있다. 또한 현재 게임에 빠져 있는 아이들에게는 이 같은 충고는 전혀 와 닿지 않는다. 게임 세상에서 이 충고대로 따라봐야 득 볼 것도 없고 오히려 스트레스를 받을 게 분명하기 때문이다.

　이 사실은 지난 5개월간 게임 중독 실험을 통해 내가 직접 경험한 일이기도 하다. 게임을 시작한 지 1~2개월이 지나 약한 중독의 단계에 들어섰을 때 나는 위의 충고대로 할 수 없었다. 말을 거칠게 하는 상대를 만나면 나도 말이 거칠어졌고, 차츰 승리에 집착이 생겨 승부의 결과에 따라 흥분할 수밖에 없었다. 같은 게임을 하는 플레이어들 가운데 처음에는 친절하게 도와줄 것처럼 하다가 곧바로 상스러운 욕설을 남기고 퇴장하는 이들도 있었는데, 이런 사람과 마주치면 끝까지 쫓아가 복수하고픈 마음까지 들었다. 게임 속 사회는 이처럼 현실보다 더 혼탁했고, 그곳에서는 나도 그 혼탁함에 빠져들었다. 이런 곳에서 아이들이 사회성을 제대로 기를 수 있을까?

게임을 하면 **경제관념**을 **배울 수 있다?**_하나

아이들에게는 용돈 관리가 경제 공부의 시발점이다. 아이들은 받은 용돈을 균형 있게 소비하는 방법을 알아야 한다. 하지만 부모님들 가운데 아이들에게 용돈을 어떻게 관리하고 아껴 써야 하는지 구체적으로 가르쳐주는 분들이 많지 않다. 그래서 아이들은 처음에 돈이 어떻게 해서 생기고, 돈을 어떻게 적절히 사용해야 하는지 모른다.

이렇듯 경제관념이 전혀 없던 아이들이 최근에 달라졌다. 돈은 시간을 들여 노력한 만큼 벌 수 있다는 것을 알고, 돈을 적절히 배분하여 자신을 위해 써야 하는 것을 알고, 자신을 위해 쓴 돈으로 능력을 키우고 다시 노력하면 더 큰 돈을 벌 수 있다는 것을 알았다. 모두 게임을 하면서 자연스럽게 배운 것이다. 바야흐로 아이들이 게임을 즐기는 동안에 경제 원리를 배울 수 있는 시대가 된 것이다.

게임을 통해 경제관념을 익힌다는 생각은 그럴싸해 보이지만 다른 한편으로 무척 위험해 보인다. 경제라는 것이 꼭 돈을 버는 것만을 의미하지는 않는다. 돈을 어떻게 버느냐는 문제도 중요하지만 어떻게 쓰느냐는 문제 또한 중요하다. 그리고 때로는 돈보다 노동의 소중함을 가르칠 필요도 있다.

하지만 게임 세상에서는 이런 이야기가 결코 통하지 않는다. 내 경험에 비춰보면, 실제 게임을 할 때는 어떤 노력도 돈 앞에서는 물거품이 되었다. 게임을 아무리 열심히 해서 이런저런 실력을 쌓아도 몇 만 원짜리 게임 아이템을 구입한 사람을 이기기는 쉽지 않았다.

게임 아이템은 꼭 돈으로 사야 하는 건 아니다. 돈이 없어도 게임에 쏟은 시간만큼 아이템을 구입할 수 있는 경우도 있다. 그러나 여기서의 시간은 상식적인 수준이 아니다. 하루 종일 게임에 매달려 겨우 게임 아이템 하나를 구입하기도 한다. 물론 아무리 많은 시간을 들여도 소용없이 꼭 돈으로 사야만 하는 아이템도 만들어놓았다. 게임 회사가 자선사업을 하는 곳이 아닐진대 이렇게 수익을 거두지 않겠는가. 결국 게임에 빠진 사람은 돈을 쓰게 되고, 그 과정에서 세상 경험이 부족한 아이들은 '돈이 최고다'라는 잘못된 생각을 품게 된다. 게임을 통해 이런 왜곡된 경제 관념을 익히면 경제 공부에 전혀 도움이 안 될 뿐만 아니라 아이들이 배금주의에 물들 위험도 있다.

주변에 게임에 빠진 아이들이 있다면, 그 아이들에게 먼저 돈이 전부가 아님을 일러주라고 말하고 싶다. 게임을 오래 하다 보면 앞에서 말한 대로 '돈이 최고의 해결책'인 것 같은 착각에 빠지기 쉽다. 그 아이들에게는 행복이나 건강, 친구처럼 정말로 소중한 것은 돈으로 결코 살 수 없다는 사실을 일러주기를 바란다. 그 다음으로 아이들이 게임에 쓰는 돈이 부모님이 일터에서 땀 흘려 노력한 대가로 얻은 것임을 일러주어야 한다. 부모님이 돈을 어떻게 벌어서 가족과 아이들을 위해 얼마큼의 돈을 쓰는지 자세히 일러줄 필요가 있다.

게임업계에서는 아이들이 게임을 통해 경제관념을 배울 수 있다고 주장하는데, 실제 그 주장대로 이루어진다면 무척 기쁠 것이다. 그러나 게임이 경제 공부에는 전혀 도움이 되지 않고 오히려 '돈이면 무엇이든 해결된다'는 생각을 심어주므로 문제점으로 지적할 수밖에 없다.

경제관념과 관련하여 게임이 지닌 어두운 면은 더 있다. 우선 내 후배 이야기를 소개하겠다. 9년 전 어느 날 한 후배가 사업 아이디어를 이야기했다. 게임에서 쓰이는 무기(혹은 아이템)를 사고 팔 수 있는 사이트를 만든다는 것이었다. 다음은 그때 후배와 나눈 이야기이다.

"아이템 거래 사이트? 그게 뭐하는 사이트인데?"

"요즘 게이머들끼리 게임 속 캐릭터들이 들고 다니는 무기를 거래하고 있잖아요. 밖에서 자기들끼리 만나 거래하는 과정에서 사기도 당하고 해서 말썽이래요."

"어, 그래서?"

　"우리가 그런 무기를 사고 팔 수 있는 사이트를 만들어보려고요. 서로 믿고 거래할 수 있는 안전한 사이트."

　"그게 사업이 될까?"

　"아직 학생 신분인데, 못할 게 뭐 있어요? 한번 해보는 거지요. 손해 볼 것도 없잖아요?"

　이렇게 해서 후배는 친구들과 함께 작은 사무실을 한 칸 얻고 컴퓨터 석 대를 들여놓은 채 사업을 시작했다. 처음에는 매출이 전혀 없고 사이트 방문자 수도 적어 사업을 시작한 걸 후회했다고 한다. 그런데 몇 개월이 지나자 한 달 매출이 2~3천만 원 대까지 올라왔다고 한다. 사업을 해본 독자는 알겠지만, 비용을 거의 들이지 않고 겨우 몇 달 만에 월 2~3천만 원의 매출을 올리기는 무척 어려운 일이다. 당시에 이미 게임 아이템을 거래하는 시장이 이만큼 컸다는 뜻이고, 말 그대로 게임에서 통용되는 무기(아이템)를 판매해서 수익을 올리는 시대가 열린 것이다. 현재 게임 아이템 거래 시장 규모는 연 1조 5천억 원을 넘어서고 있다.

　머지않아 후배는 당시 유명 온라인게임을 서비스하던 회사에서 제기한 소장을 받고 학생 신분에 겁이 나서 그 사업을 접고 말았다. 후배가 받은 소장에는 아이템을 사고 파는 일이 게임 회사의 재산을 침해한다는 주장이 들어 있었다. 실제로 이와 관련된 법률 분쟁이 있었고, 대법원은 아이템베이 사 같은 아이템 거래업체의 손을 들어주었다. 즉 게임머니나 아이템을 현금으로 거래하는 것에 대해 무죄 선고를 확정한 것이다. 다만, 게임산업진흥에 관한 법률 시행령에서 환전 금지 대상으로 규정한 '우연한 방법으로 획득한 게임머니'에 (온라인) 게임의 게임머니는 해당하지 않는다는 게 대법원 판결의 요지다. 즉 고스톱이나 포커 같은 갬블류 게임의 게임머니 환전은 불법이지만, 시간과 공을 들여 게임을 하면서 쌓은 게임머니는 정당한 노력의 대가이므로 합법적인 거래 대상이라는 것이다.

한 가지 사례를 더 이야기해보겠다. 몇 년 전에 실업계 학교 교사로 있던 한 친구에게서 들은 이야기이다. 그 친구는 수업을 하러 교실에 들어갈 때마다 한숨이 난다고 했다. 나는 왜 그러는지 물어보았다.

"뭐가 그렇게 힘드니? 요즘 학생들이 말을 안 듣니?"

"어, 뭐 그런 것도 있고 우리 같은 경우는 대학을 목표로 하는 학생들이 많지 않아서 지도가 더 어려운 것 같아. 한데 그것보다 더 큰 문제는 학생들 반수가량이 수업 중에 내내 쓰러져서 잔다는 거야."

"우리 때에도 수업시간에 자는 아이들 많았잖아."

"하지만 그때처럼 그냥 졸려서 자거나 수업이 따분해서 자는 게 아니야."

"그럼 이유가 뭐야?"

"게임을 해서 돈을 버느라 그렇대."

"응? 게임을 해서 돈을 번다고?"

"게임을 통해서 아이템을 모은 뒤에 그걸 팔아서 돈을 꽤 벌더라고. 밤새도록 그런 게임을 하느라 학교에 와서는 자는 거야."

학생들이 실생활이 아닌 게임을 통해서 돈을 번다니! 예전에는 정말로 상상도 못한 일이다. 게임 아이템을 거래하는 일은, 게임을 즐기는 것과 거리가 멀다. 아이들이 게임을 즐기지도 않으면서 단지 돈을 벌려고 게임을 하다니 참으로 말도 안 되는 일이 벌어지고 있었다.

어느 모로 보아도 게임이 경제 공부에 도움이 된다는 것은 어불성설이다. 아이들에게 '돈이 최고다'라는 잘못된 가치관을 심어주는 것은 경제 공부와 아무 상관이 없다. 또한 게임을 즐기지도 않으면서 게임 아이템을 팔아 돈을 버는 행위는 건전한 경제 활동과 전혀 관계가 없다. 결론인즉, 게임은 경제 공부나 경제 활동과 거리가 무척 멀다.

참고 기사

게임으로 먹고 사는 20 · 30대 생업은 뒷전　　　《경향신문》 2007년 4월 17일

김모씨(38)는 온라인게임 아이템 거래로 먹고 산다. 자영업자였던 김씨가 온라인게임을 처음 접한 것은 2000년. 2000년대 초반만 해도 게임 아이템 거래만으로 1000만 원 이상의 소득을 올릴 수 있었으나 지금은 중국 게이머들이 대거 아이템 거래에 참여하면서 한 달 200만 원 이하로 떨어졌다. 현재 김씨는 아르바이트를 고용한 뒤 인터넷에서 입수한 타인의 주민등록번호까

지 도용해 아이템 거래를 하고 있다. 온라인게임 리니지를 즐기는 회사원 박모씨(31)는 "게임만 해서 먹고 사는 사람이 흔치 않지만 비싼 아이템 거래를 통해 한 달에 수십 만 원을 버는 사람도 적지 않다"고 전했다.

게임에 빠져 아이템 거래로 용돈을 버는 성인층이 적지 않다. 2006년 11월 한국정보문화진흥원에 따르면 성인 응답자의 56.8%가 온라인게임을 이용한 적이 있으며 주 평균 3.2시간을 게임에 할애하고 있는 것으로 조사됐다. 특히 30~34세 중 고위험 사용자군은 1.9%, 잠재적 위험 사용자 군은 4.3%였다. 고위험자의 경우 주 평균 7.7시간을, 잠재적 위험자는 6.8시간 게임에 투자해 일반인의 2.9시간에 비해 3배 이상 높은 것으로 조사됐다. 1주일에 11시간 이상 게임을 하는 성인은 10%로 나타났으며 게임 시간 조절이 안 된다는 성인도 19.6%에 달했다. (하략)

게임을 하면 **머리가 좋아진다?**

몇 년 전 배우 장동건이 한참 텔레비전에서 선전하던 '게임을 하면 두뇌가 좋아진다'는 닌텐도의 뇌 단련 게임 시리즈가 유행했다. 그런 유행에 발맞춰 두뇌를 좋게 해준다는, 휴대전화로 즐기는 수많은 모바일게임들도 뒤따라나왔다. 일본 닌텐도의 뇌 단련 게임은 실제 대학 교수의 자문을 거쳐 그럴듯한 타이틀까지 달았다. 국내의 어느 메이저 게임 회사의 대표는 신문사와의 한 인터뷰에서 이렇게 말했다. "게임을 무조건 나쁜 것으로 볼게 아니라 자녀가 어떤 게임을 얼마나 하는지 부모가 관심을 두고 지켜봐야 한다. 자녀가 다른 사용자와 같이 게임을 하면서 협동심과 사회생활을 배울 수 있고, 두뇌개발에 도움이 되는 측면도 있다. 앞으로는 우리 아이에게 권할 수 있는 게임을 만들겠다."

위의 인터뷰에서 알 수 있듯이 실제 게임업계에 종사하는 이들은 게임과 두뇌 개발과의 상관관계에 대해 고민을 많이 한다. 게임을 통한 두뇌 발달은 가능해 보인다. 실제 여러 연구 결과에서 컴퓨터 게임이 노인들의 치매 예방에 도움이 된다고 밝혔다. 이제 게임이 본격적으로 두뇌 발달을 위해 사용되는 시대가 오고 있다.

게임이 두뇌 발달에 도움이 된다는 것은 엄연한 진실이다. 상식적으로 생각해도, 쉽게 배우기 어려운 게임을 배워서 한다는 것만으로도 두뇌를 부지런히 썼다고 볼 수 있지 않겠는가? 여러 게임 가운데에서도 다양한 선택지를 놓고 고민해야 하는 게임을 하면 우리 두뇌는 전략적인 사고를 하게 된다. 끝없이 머리를 쓰면서 각종 숫자와 도형을 생각하는 퍼즐 게임을 하면 좌뇌가 발달한다. 두뇌 발달과 관련이 없는 게임은 없다고 보는 게 맞다.

나의 주장

'게임을 하면 머리가 좋아진다'는 것은 무엇을 전제하는가? 게임을 하면서 끊임없이 뭔가를 배우거나 생각한다는 전제가 필요하다. 그리고 이것이 가능하려면 게임 내에서 계속 새로운 정보나 경험이 제시되어야 한다. 그런데 라프 코스터의 《재미 이론》에 따르면 게임은 진보나 혁신을 허용하지 않고, 패턴을 제시할 뿐이다. 게임에 새로운 정보나 경험이 끼어들 여지가 없는 것이다.

더욱이 게임 플레이는 예측 가능한 상자 안에서만 가능하다. 애초에 게임을 만들 때 예측 가능한 요소와 학습 경험을 묶어 위험이 전혀 없는 하나의 시공간을 설정했기 때문이다. 게임 플레이어는 본능적으로 이길 확률을 높이기 위해 게임의 예측 가능성을 높인다. 즉 위험을 최소화하고 좀 더 나은 선택을 하려 노력한다. 게임을 할 때 플레이어는 매번 다른 행동을 하는 것 같지만, 사실은 똑같은 행동을 계속 반복하고 있을 뿐이다. 결국 게임을 통해 새로운 것을 배우고 머리를 쓰는 것이 아니라, 게임에 능숙해지도록 단순한 플레이만을 반복하는 것이다. 이런 게임 플레이를 통해 과연 두뇌 발달이 이루어질까?

게임을 하면 머리가 좋아질 거라는 착각에 빠질 수는 있다. 게임을 하다 보면 상대방과의 대결과 경쟁의 결과를 완벽히 예측할 수 없기 때문에 자신이 머리를 계속 쓰고 있다고 생각하기 쉽다. 그리고 게임의 각종 기술을 익혀야 하기 때문에 역시 머리를 쓰고 있다고 생각한다. 하지만 게임 세상에 수십 만 명이나 되는 사람들이 끊임없이 드나들면서 무수한 경우의 수를 만들기 때문에 대결과 경쟁의 형태가 매우 다양하게 느껴질 뿐이다. 사실은 플레이어 수에 상관없이 애초에 정해진 틀에 따라 반복적인 플레이를 하는 것인데 말이다. 그러므로 상대가 누구이든 게임을 잘하는 방법은 대개 정해져 있다. 다만 그 방법을 얼마나 빨리, 그리고 제대로 익히느냐가 관건이다.

게임을 독서와 비교해보자. 아주 쉬운 위인전을 읽다가 난이도를 높여 평전과 역사서를 읽으면 느끼는 점도 다르고, 사고의 폭도 넓어지므로 두뇌 발달에 도움이 된다고 말할 수 있다. 그러나 게임은 실력이 올라가도 어차피 키보드를 재빠르게 누르는 일 같은 똑같은 행동을 요구한다. 게임을 처음 시작할 때 익힌 방법이 조금 더 익숙해진 것뿐이다. 그러므로 게임을 하면 머리가 좋아진다는 것은 크나큰 착각이다.

사실 현재 게임을 통해 두뇌를 발달시키려는 노력이 이루어지고 있기는 하다. 게임 개발회사뿐만 아니라 수학자, 의학자도 이런 노력에 동참하고 있다. 그 대표적인 사례를 두 가지 이야기하겠다.

첫 번째는 에듀테인먼트(edutainment)형 두뇌 개발 게임이다. 에듀테인먼트란, 교육을 뜻하는 에듀케이션(EDUCATION)과 놀이와 오락을 뜻하는 엔터테인먼트(ENTERTAINMENT)를 조합하여 만든 합성어이다. 딱딱한 학습에 달콤한 당의정을 입힌 개념으로, 아이들에게 뭔가를 즐겁게 배우게 하는 것이 목표이다. 대표적으로 세계의 역사와 문화를 재미있는 만화로 그린 이원복 교수의 《먼 나라 이웃 나라》, 아울북에서 출간된 만화로 한자를 공부할 수 있게 한 《마법천자문》을 들 수 있다.

에듀테인먼트가 잘 만들어지면 틀림없이 성공한다는 사실은 《마법천자문》을 구입한 한 독자의 서평에서 엿볼 수 있다. "한자 배우기는 역시 《마법천자문》만 한 게 없습니다. 깔끔하고 컬러풀하면서도 유치하지 않은 그림에 재미있는 대사와 스토리, 그리고 가장 중요한 건 학습효과겠지요. 학습효과 만점이랍니다. 전혀 공부하라고 한 적도 없고 가르친 적도 없는데 아들이 스스로 공부하더니 벌써 이 책에 나오는 한자를 모두 알고 있네요. 이 책은 (……) 어린이 한자공부 필독서

입니다." (인터넷 서점 알라딘 서평)

나는 어렸을 적에 서예 학원에서 억지로 천자문을 외우긴 했지만 다음날 죄다 까먹은 기억이 있어서인지 이런 에듀테인먼트 콘텐츠들의 뛰어난 학습 효과에 대해 새삼 놀라게 된다. 실제로 나는 《먼 나라 이웃 나라》를 수십 번도 넘게 읽은 덕분에 고등학교 시절에 세계사 공부를 따로 하지 않아도 되었다. 한편 요즘 초등학생들 가운데 《마법천자문》을 보고서 한자 급수 시험에 거뜬하게 통과한 아이들이 가끔 눈에 띈다.

만화가 에듀테인먼트의 첨병 역할을 톡톡히 하고 있는 데 반해 게임은 에듀테인먼트 시장에서 쓴잔을 맛보고 있다. 몇 년 전부터 게임과 교육을 접목시키려는 시도가 많지만 실패만 거듭되고 있다. 나와 친분이 두터운 P사장 역시 그런 시도로 게임을 통해 한자를 익히는 본격적인 교육용 게임을 만들었다. 이를테면 게임 속에서 한 캐릭터가 적을 향해 불을 던지면 불 화(火)자가 나타나는 식이다. 아이들이 재미있게 게임을 하면서도 자연스레 한자를 익히도록 구성되었다.

처음 P사장에게서 이 교육용 게임에 대한 이야기를 들었을 때 아이디어가 신선하고 사업 가능성이 있어 보여 개인적으로 높은 점수를 주었다. 실제로 P사장은 많은 투자 회사들로부터 투자를 하고 싶다는 공세를 받았고, 결국 큰 액수의 돈을 투자 받았다. 그만큼 많은 사람들이 게임을 통해 교육적 효과를 거둘 수 있다고 믿은 것이다. 이 한자 교육용 게임은 국내 메이저 온라인 포털사이트에서 광고와 마케팅까지 대대적으로 진행했고, 게임 서비스 직후 아이들과 부모님들 사이에 큰 화제가 되었다. 한마디로 욱일승천의 기세였다. 그러나 이 기세는 오래 가지 못했고, 그 게임은 머지않아 사람들의 관심에서 멀어졌다. 이런 결과로 끝나게 된 이유는 한 가지이다.

게임으로 교육적 효과를 거둘 수 있다고 생각하는 것 자체가 착각이었다. 게임은 단순한 패턴을 익히면서 게임 실력을 쌓아 올리는 재미로 하는 것인데 반해 학습은 두뇌를 쓰고 활용해야 이해가 되고 암기가 되는 것이다. 이렇듯 상당히 이질적인 게임과 교육을 결합하려던 시도는 결국 성공을 거두지 못했다. 이 사업에 무한한 애정과 열정을 쏟았던 P사장도 "여전히 교육용 게임이 성공할 수 있다고 여기지만 결코 쉬운 일은 아니다"라고 토로한 적 있다. 나는 좀 더 비관적으로 게임과 교육을 접목하는 것이 거의 불가능에 가깝다고 본다.

게임 회사들이 관심을 기울이고 있는 또 다른 두뇌 개발 게임에는 메디테인먼트(meditainment)형 게임이 있다. 메디테인먼트란, 의학을 뜻하는 메디컬(MEDICAL)과 오락을 뜻하는 엔터테인먼트를 조합하여 만든 합성어이다. 게임을 즐기면서 동시에 의학적 효과를 볼 수 있게 한 게임을 말한다. 앞서 이야기한 에듀테인먼트에 비해 의학적인 개념이 조금 가미되었다.

몇 년 전에 인기를 끈 닌텐도 DS의 두뇌 훈련 게임은 학습용이라기보다 뇌 발달을 내세운 메디테인먼트형 게임이라고 말할 수 있다. 국내 모바일게임 가운데 '눌러라! 좌뇌 천재', '두뇌게임 Q' 같은 것도 메디테인먼트형 게임의 좋은 예이다. 이런 게임들은 뇌 질환과 관련하여 전문적인 치료 방법이나 개선 방법으로 활용되고 있다. 메디테인먼트형 게임은 에듀테인먼트형에 비해 오히려 가능성이 있을지 모르겠다. 단순 반복적인 게임 플레이를 하면 뇌의 한 부분에 일정한 자극이 갈 것이고, 그 부분이 활성화되면 관련된 뇌 기능이 발달될 수도 있을 테니까. 하지만 이 역시 넘어야 할 산이 한둘이 아닌 것 같다. 메디테인먼트형 게임은 일반적인 게임의 본질과 거리가 상당히 멀어서 게임 이용자들이 선선히 받아들일지 의문이다. 반대로 환자들이 이런 게임에 흥미를 느끼고 적극적으로 참여하려 할지도 의문이다. 아무래도 게임이라고 하면 의학적인 효과가 약해 보이고, 이 분야의 게임도 아직은 신뢰할 수준이 아니기 때문이다.

이렇듯 게임과 두뇌 발달의 관계는 언뜻 가까워 보이지만 실제로는 상당히 멀다. 오히려 지금은 게임이 두뇌를 망치지만 않기를 바랄 뿐이다. 한국정보문화진흥원의 2009년 인터넷 중독 실태 조사를 살펴보아도 심각한 수준임을 알 수 있다. 도박 중독이 인구의 9.5%, 알코올 중독이 인구의 5.6%인데, 인터넷 중독자는 200만 명에 이르고 특히 인터넷 이용자 가운데에서는 8.5%에 육박했다. 인터넷 중독이란 말이 거의 (온라인)게임 중독을 뜻한다는 사실을 염두에 두면, 게임이 두뇌 발달은커녕 이미 놀라운 속도로 많은 사람의 두뇌를 갉아먹고 있다. 단언컨대, 현재의 게임 제작 시스템과 게임업계 종사자들의 마음가짐으로는 두뇌 발달을 돕는 게임이나 학습에 도움이 되는 유용한 게임은 세상에 나올 수 없다.

　누군가 이런 질문을 할지 모르겠다. 가끔 해외 토픽에 '게임을 잘 하는 의사, 수술 실력도 좋다' 같은 제목의 기사가 어떻게 나오느냐고. 기사 내용도 명쾌하다. 1주일에 3시간 이상 게임을 즐긴 의사들이 수술도 잘 하고, 실수도 덜 했다는 내용이다. 게임의 긍정적인 효과를 강조하기 위한 기사이지만, 이런 기사는 우리의 판단을 흐리게 한다. 게임을 했기 때문에 수술 기술이 좋아졌다는 인과관계가 사실에 기인한 것일까? 주당 3시간 이상을 할애한 것이 기준이기 때문에 게임 '덕분에' 수술에서 실수를 덜했다고 보기 애매하다. 우리의 행동 가운데에는 1주일에 3시간 이상을 할애하는 것이 게임 외에도 여러 가지 있기 때문이다. 수면이나 식사, 심지어 수다나 텔레비전 시청도 기준이 될 수 있다. 즉 1주일에 3시간 이상 수다를 즐긴 의사도 수술 중 실수를 덜 한다는 결론이 나올 수 있다. 코에 걸면 코걸이 귀에 걸면 귀걸이와 다를 바 없는 연구 결과라는 생각이 든다. 만약 하루에 3시간 이상씩 게임을 했다면 이야기가 달라질 수 있을 것이다. 분명히 게임을 더 하고 싶다는 생각이 머릿속을 떠나지 않아 수술 중 실수가 오히려 많아졌을 테지만.

게임을 하면 **경제관념**을 배울 수 있다?_둘

그들의 주장

어려서부터 경제 교육을 제대로 시켜야 한다고들 한다. 특히 부자들일수록 그런 요구가 강하다고 한다. 어린 시절부터 경제 교육을 제대로 받아야 성인이 된 이후에 절제된 소비를 하고, 현명한 투자를 할 수 있다는 것을 부자들이 알고 있기 때문이다. 요즘은 무엇보다 평생직장 개념이 없어져 스스로 생존을 책임져야 하므로 경제관념을 확실히 새겨두어야 한다. 이런 풍조 때문에 몇 년 전부터 각 증권사에서 주최하는 '어린이 경제교실'이 문전성시를 이루고, 한국은행조차 어린 학생들을 위해 경제 교육 인터넷 서비스를 하고, 전경련 같은 단체에서도 이런 활동들에 후원을 아끼지 않고 있다.

이런 시대적 흐름과 잘 맞는 시도들이 있다. 바로 서울대학교 경영대학원과 중앙대학교 경영학과에서 게임을 수업 교재로 사용하는 것이다. 그래픽이나 스토리에 대한 내용도 아니면서 게임을 수업 교재로 사용한다는 것이 무척 특이하지만 이게 바로 시대의 흐름이다. 게임은 비록 가상세계이지만 2차 산업인 제조업 시스템을 비롯한 경제 시스템을 확실히 배울 수 있는 공간을 배경으로 하고 있어서 유용한 교재가 될 수 있다.

위정현 중앙대 경영학과 교수의 인터뷰 내용을 봐도 게임이 경제를 배울 수 있는 중요하고도 훌륭한 수단이라는 것을 알 수 있다. "경영과 게임은 공통점이 많다. 둘 다 정보 수집이 첫째이고 다음은 분석을 토대로 전략을 세우는 일이고, 무엇보다 중요한 것은 위기 상황에서 그 전략을 유연하게 변경할 수 있는 능력이다."(《이코노믹리뷰》 2007년 9월 20일)

휴대전화로 즐기는 모바일게임에는 경제관념을 길러주는 게임이 더욱 많다. 대표적으로 '타이쿤'이라는 단어가 붙은 '상점 운영 게임'을 들 수 있다. '타이쿤'이란 말은 '경제계의 거물'이라는 뜻을 지닌 영어 단어이다. 이런 게임에서는 플레이어가 어떤 상점의 주인이 되어 매달 목표액을 달성해야 한다. 그리고 손님 수를 예측하고, 물건이나 재료를 미리 갖춰놓아야 하고, 재고가 남아서는 안 된다. 적당한 타이밍을 골라 마케팅도 해야 한다. 이 정도면 게임을 통해 상점을 운영하면서 경제활동을 체험한다고 말할 수 있을 것 같다.

이런 게임들에 대한 평가를 보면, 게임을 통해 경제 공부를 하고 경영 방법도 배웠다는 의견이 많다. "저는 하루 장사를 준비하면서 손님 수를 예측하고 미리 재료들을 사다놓는 게 참 재미있어요. 실제 재료가 다 떨어지면 퀵서비스를 불러서 비싼 돈 주고 재료들을 가지고 와야 하니까 너무나 아까워요.” “저는 실제 아이스크림 가게를 운영해 보고 싶은 마음이 들었어요. 직접 손님들에게 서비스 차원에서 해주면 좋을 아이디어들이 떠올랐거든요.” 이와 같은 이야기를 들어보면, 게임을 통해 경제관념을 배우는 일은 가능하다. 다른 것은 제쳐두더라도 게임이 경제 교육에는 확실히 효과가 있다.

나의 주장

경제를 배운다는 것은 무슨 의미일까? 경제 공부는 상당히 광범위하다. 실제 돈이 어떤 방식으로 세상에 유통되는지를 배우는 것도 중요한 경제 공부이고, 노동의 대가로 돈을 버는 것뿐만 아니라 노동이 아닌 다른 방법으로 돈을 버는 것을 배우는 것도 경제 공부이다. 경제 공부를 하려면 정부와 사기업을 비롯해 다양한 분야의 역할도 알아야 한다. 세금에 대해서도 알아야 하고, 다양한 실제 경영 활동에 대해서도 알아야 한다. 이 모든 것이 경제 공부이다.

물론 게임에도 경제 교육의 요소가 들어 있다. 하지만 광범위한 경제 교육 가운데 극히 일부에 지나지 않는다. 부지런히 노력해서 얻은 한정된 자원을 배분하는 것, 이것이 게임에 들어 있는 경제 교육의 전부이다. 백번 양보하여 게임이 경제 교육에 탁월한 효과가 있다는 ‘그들의 주장’을 받아들인다 하더라도 경제 교육을 위해 게임에 하루에 몇 시간씩, 일 년에 수백 시간을 들여야 한다면 심각한 시간 낭비가 아닐까? 일 년에 수백 시간이면 경제 공부를 아주 다양하게 해볼 수 있다. 아무리 두꺼운 경제 서적을 읽든, 매장에서 아르바이트를 하며 실물 경제를 체험하든, 작은 인터넷 쇼핑몰을 운영하면서 돈이 오가는 것을 직접 관찰하든 게임처럼 온전히 수백 시간 이상이 들지는 않을 것이다.

내가 운영하던 회사에서도 '상점 운영 게임'을 몇 가지 만들었다. 엄밀히 말해 경제 교육을 목적으로 한 게임이 아니었다. 기본적으로 '장사'를 시스템으로 하는 게임이기 때문에 게임 속에서도 손님들에게 서비스를 빨리 잘해야 하고, 신선한 재료를 제때 사다놓아야 한다. 하지만 이런 정도는 게임을 하지 않아도 누구나 아는 상식 아닌가? 이런 게임을 하고 났더니 경제 공부가 되었다거나 경제 공부를 위해 이런 게임을 즐긴다는 것은 아무래도 주객이 전도되었다.

게임을 하면 **사교성을 기를 수 있다?**

자녀가 게임만 들여다보고 있으면 부모님은 속상해하기 마련이다. 차라리 그 시간에 잠이라도 자면 좋겠다는 생각까지 할 것이다. 동시에 게임에만 푹 빠진 자녀가 사회성이 부족해지지 않을까 걱정도 들 것이다. 실제로 뉴스에서 게임 중독으로 자기 방에서 나오지 않는 아이들 이야기가 보도되면 부모님 가슴은 철렁 내려앉을 것이다.

그러나 아무 생각 없이 게임만 하는 것처럼 보이는 자녀가 사실은 게임을 통해 사교성을 기르고 있다면 믿겠는가? 요즘 아이들은 게임을 통해 친구들을 만나는 경우가 많다. 자녀가 게임을 즐기는 것은, 부모님 세대가 어렸을 때 놀이터에서 친구들을 만나 노는 것과 다름없는 사교활동이다. 실제로 요즘은 놀이터에 가도 아이들이 없다. 아이들이 가장 많이 모이는 학원은 우정을 쌓기에는 여러 모로 부족한 점이 많다. 결국 지금은 게임이, 놀이시설이 구비된 놀이터인 셈이다. 따라서 게임을 하는 것을 장려해야 한다. 친구를 사귀고, 돈독한 우정을 쌓을 기회를 막을 생각이 아니라면.

나의 주장

먼저 내가 직접 겪은 이야기를 들려주겠다. 예전에 우리 회사에서 게임 테스터로 일하던 S씨가 새로운 테스터로 Y씨를 데리고 왔다. 게임 테스터란, 시장에 출시되지 않은 게임을 미리 해보면서 그 게임의 오류를 찾아내는 사람을 말한다. 아무리 잘 만든 게임이라도 게임에 오류가 있어서 플레이가 매끄럽지 않으면 사용자들이 모이지 않기 때문에 테스터의 역할은 매우 중요하다. 나는 회사를 운영하면서 많은 테스터들과 함께 일했는데, 차분한 겉모습과 달리 일은 엄벙덤벙하게 하는 사람들도 만나보았다. 이렇게 엉성한 테스터를 만나면 많은 시간을 들여 게임을 다시 손봐야 하기 때문에 손해가 크다. 그런데 S씨가 새로 데리고 온 Y씨는 테스터 일을 처음 해보는 사람답지 않게 매우 침착하고 꼼꼼하게 일을 잘했다. 그날 저녁 식사를 함께 하면서 나는 Y씨에게 S씨와 언제 만난 친구인지 물었는데 뜻밖의 대답이 돌아왔다.

"언제 만난 친구라고 말하기가 애매합니다."

"아주 어렸을 때 만난 죽마고우인가 보네요."

"하하. 아니에요. 게임을 하다 만난 친구라서요. 몇 달 전에."

"그래요? 재미있네요."

“요즘은 게임을 통해서 친구들을 많이 사귑니다. 게임 내에서 친해지면 밖에서 직접 만나기도 하고요.”

확실히 요즘은 아이들이 친구를 만나고 사귀는 방법이 달라졌다. 게임을 통해 새로운 친구를 사귀기도 하고, 기존의 친구들과도 게임을 통해서 더 진한 우정을 쌓기도 한다. 하지만 이렇게 게임을 통해서 만난 인간관계에서는 조심해야 할 점이 있다.

첫째, 게임을 하다 만난 친구에게는 배울 점이 많지 않다. 《논어》에는 ‘세 사람이 길을 가면 그 중에는 반드시 내 스승이 있다’라고 했지만, 게임을 하다 만난 친구들에게는 이 말이 해당되지 않는다. 게임을 하며 친해진 사람들은 서로 게임에 대해서만 정보를 교환한다. 대부분 게임 외에는 공통분모가 거의 없다. 이들의 관계가 인간적이고 정신적으로 발전하리라고 전혀 기대할 수 없다. 이런 사람들이 한자리에 모이면 게임에만 더 깊이 빠져든다.

둘째, 게임을 통해 이루어진 인간관계는 오프라인에서 만난 사람들이나 온라인에서라도 게임이 아닌 다른 공통의 화제로 만난 사람들에 비해 관계가 끈끈하지 않다. 이것은 내가 여러 게임 테스터들을 만나보면서 직접 느꼈다. 겉으로는 친구 사이라고 하지만 실은 서로에 대해 잘 모르고 관심도 없는 경우가 많았다. 서로 무지하고 무심한 정도가 무척 심해서 어떻게 친구 사이라고 말할 수 있을까 의문이 들기까지 했다.

물론 게임을 하다 좋은 사람을 만날 수도 있을 것이다. 마음에 맞는 사람을 만날 수도 있고, 게임이 아닌 다른 분야에서 비슷한 취미를 가진 사람을 만날 수도 있다. 하지만 대체로 게임을 하다 만난 친구들은 진정한 친구로 부르기 어렵다. 그러므로 게임을 하면서 친구를 사귀는 것은 별로 권하고 싶지 않다.

나도 비슷한 경험을 했다. 실험 기간 5개월 동안 축구 게임을 하다 보니 게임 속에서 내게 따뜻하게 말을 건네는 친구가 있었다. 그 친구는 내게 게임에 대해 많은 충고를 해주었고, 본인의 노하우도 전수해주었다. 그런 일을 여러 번 겪고 나니, 나는 그 친구가 무척 마음에 들었다. 그래서 친구 되기를 요청해서 수락을 받고 온라인상의 친구가 되었다. 그러나 그 친구는 내게 어디까지나 게임의 노하우를 전수해주는 친구였다. 우리 둘이 공통으로 지닌 관심사가 게임뿐이었기 때문이다. 사실 그 친구에 대해서는 다른 무엇도 알지 못했다. 그 친구는 나이가 열 살밖에 되지 않은 초등학생일 수도 있고, 아니면 육십대 후반의 할머니일 수도 있다. 그런 온라인상의 친구와 진짜 인간적인 교감을 나누고 진실한 친구가 되기까지는, 나이를 포함해 수많은 난관이 있을 것이다. 이렇게 어렵게 친구를 사귀느니 차라리 다른 활동에 참여하여 사교성을 기르는 게 쉽지 않을까?

한 가지 덧붙이면, 지금 나는 그 친구와 연락을 주고받지 않는다. 당시 게임을 하다 마음이 통해 친구가 되긴 했지만 그 뒤로는 서로 전혀 연락하지 않았다. 딱히 이야기할 거리도 없고, 내 입장에서는 더 이상 새로운 노하우를 배울 것도 없었다. 이것이 게임을 하다 사귄 친구 관계의 한계인 것 같다.

게임을 하면 **순발력**이 생긴다?

그들의 주장

성인이 되어 사회생활을 하면서 꼭 필요한 능력인데 갖추기가 쉽지 않은 것이 있다. 순발력이 그것이다. 정신적인 순발력, 육체적인 순발력 모두를 뜻하는데, 순발력이 뛰어난 이들에게 늘 한발 뒤질 때면 미리 순발력을 길러두었으면 하는 아쉬움이 남는다.

그렇다 해도 순발력을 기르기 위해 따로 할 일은 없다. 순발력을 길러주는 학원 같은 데가 있지도 않으니 말이다. 그저 순발력이 뛰어난 사람들을 보며 '와, 저 순발력 봐. 역시 타고 나야 하나 봐' 하고 감탄하고 마는 수밖에.

하지만 이제는 아이들에게 순발력을 길러줄 수 있다. 바로 게임을 통해서이다. 제대로 즐기는 데 게임만큼 순발력이 필요한 콘텐츠는 없을 것이다. 게임이 워낙 숨 가쁘게 진행되므로 누가 얼마나 손을 빠르게 움직이느냐, 그리고 순간적인 판단을 정확히 하느냐가 승패를 좌우한다. 이를테면 야구 게임은 공을 정확히 보고 재빨리 쳐야 하고,

총싸움 게임에서는 상대편을 총으로 빨리 쏘아 쓰러뜨려야 한다. 요즘 아이들은 이런 게임을 즐기면서 뛰어난 순발력과 그에 따른 놀라운 집중력을 보이고 있다. 아이들이 게임 속에서 어찌나 빠르고 정확하게 대응하는지 게임을 만드는 게임 개발업체나 개발자들이 상상하고 예측한 것을 넘어설 정도이다.

요즘은 텔레비전 드라마나 영화 같은 콘텐츠도 사건이나 장면 전개가 아주 빠른 것이 큰 특징이다. 성인들이 보기에는 조금 숨이 차기도 하지만, 이런 속도가 요즘 아이들이 즐기는 콘텐츠의 큰 흐름이다. 순발력이 떨어지면 콘텐츠를 제대로 즐길 수도 없는 세상이 되었다고 할까? 새로운 세대에게 순발력은 곧 경쟁력이다.

나의 주장

사회에서 필요로 하는 순발력이란 무엇일까? 순발력은 유연성과 통한다. 이를테면 예전에 현대건설 정주영 회장이 부산에 있는 유엔군 묘지를 한겨울에도 파릇하게 만들겠다고 약속하고 일을 따왔다고 한다. 앞뒤 사정은 고려하지 않고 무작정 일을 맡았는데, 결국 밭에서 푸른 보리 새싹을 파다가 옮겨 심어서 그 약속을 지켰다고 한다. 강도가 조금 세긴 하지만, 이것이 사회에서 필요로 하는 순발력이다. 이 일화를 보면 고 정주영 회장이 무척이나 유연한 사고를 하는 분이라 그처럼 순발력 있게 판단했음을 알 수 있다. 보통 사람 같으면 한겨울에 풀이 없기 때문에 아예 그런 일을 할 생각도 못하거나, 일을 땄더라도 사방으로 진짜 풀을 찾으러 다녔을 것이다.

그러나 게임에서 말하는 순발력이란, 익숙한 패턴을 빠르게 파악하여 키보드로 누르는 것을 의미한다. 사회생활에서 필요한 순발력이 남들이 생각하지 못하는 새로운 것을 찾아내는 능력을 뜻한다면, 게임에서 순발력은 이미 드러난 패턴을 빠른 손놀림으로 작동시키는 능력을 뜻한다는 것이다. 우리의 실제 생활에서 이와 비슷한 순발력을 필요로 하는 일이 있을까? 버스를 타고 가다 깜빡 졸음에 빠져서 내려야 할 정류장을 지나쳤을 때 재빨리 일어나서 버저를 눌러야 하는 상황 정도가 아닐까?

게임을 하면서 기른 순발력은, 우리 실생활 어디에도 쓸모가 없다. 나 역시 중독 실험을 한 5개월 동안 축구 게임을 즐기면서 키보드를 재빠르게 누르고 움직이는 순발력이 길러졌다. 하지만 내 판단력이 좀 더 빨라졌다거나 하는 건 전혀 느끼지 못했다. 게임을 하면서 순발력이 길러졌다면, 회사일을 할 때에도 판단이나 결정이 좀 더 쉬워져야 할 텐데 그렇지 않았다. 새로운 아이디어를 창출하는 능력, 위기상황에 대처하는 능력, 혹은 임기응변 능력은 전혀 나아지지 않았다. '게임 순발력'에 힘입어 축구 게임 실력은 나날이 늘었지만 말이다. 이렇듯 게임하는 데 필요한 순발력과, 실생활에 필요한 순발력은 전혀 관계가 없다.

게임은 **사회악**이 아니다?

그들의 주장

게임을 즐기는 사람이 그 게임에서 좋지 않은 영향을 받을 수 있다. 하지만 그런 사람은 의지가 박약한 극소수에 불과하다. 대부분 언론에는 게임의 해악이 과장되게 보도된다. 범죄자들은 게임을 하다 아이피(IP) 추적을 당해 잡히고, 게임 때문에 범죄적 성향이 형성되었다는 보도가 바로 그것이다. 사정이 이러하니 게임은 텔레비전이나 영화보다 더 낮은 평가를 받고, 심지어 아이들을 잘못된 길로 인도하는 원흉으로도 치부된다. 이런 평가는 억울하다. 게임을 많이 하면 인성이 파괴된다는 증거가 어디 있는가?

우리나라에서는 게임이 스트레스를 풀어주는 긍정적인 역할을 많이 하고 있다. 치열한 경쟁사회에서 스트레스를 풀어줄 뭔가 있다는 것이 얼마나 다행인가. 스트레스 해결사 노릇을 제대로 하는 한, 게임은 사회의 악이 아닌 약이다. 사람들이 게임에 씌워진 억울함을 알아주면 좋겠다.

이 세상에 흑과 백, 선과 악으로 나눌 수 있는 것은 아무것도 없다. 게임 역시 마찬가지로 꼭 좋거나 꼭 나쁘다고 말할 수 없다. 그러나 지금 게임의 역할이나 기능은 일정한 선을 넘어선 것 같다. 게임은 적당히 즐기는 오락거리로서 본래 목적을 상실한 지 오래 되었다. 그리고 지금 유통되고 있는 게임 중에는 우리 사회와 아이들에게 해악을 끼치는 것들도 분명히 있다. 그렇다면 현재 나타나고 있는 게임의 역기능에는 무엇이 있을까?

첫째, 게임이 시간 도둑이 되었다는 점이다. 영화는 아무리 참고 보아도 연달아 몇 편을 보기가 힘들다. 눈이 아프고, 중간에 졸음이 오기도 한다. 그래서 '잠 안 자고 영화 보기 대회' 같은 것도 실제 있지 않은가? 텔레비전도 마찬가지이다. 아마도 돈을 준다 해도 쉬지 않고 10시간 이상 보기는 힘들 것이다. 하지만 신기하게도 게임은 하면 할수록 자리에서 일어나기 어려운 마력이 있다. 그만큼 중독성이 강하다고 할 수 있을 것이다. 심지어 며칠 동안 계속 피시방에서 의자에서 일어나지도 않고 게임을 하다 목숨을 잃는 경우도 있었다. 하지만 이렇게 긴 시간을 게임에 쏟고 있는 것이, 몇몇 사람만의 이야기가 아니다. 게임을 즐기는 많은 사람에 해당되는 이야기이다.

내가 5개월 동안 게임을 즐긴 시간은 200시간쯤 되었다. 게임을 제대로 즐기는 사람들에 비하면 많은 시간이 아니다. 하지만 200시간이면 거의 꼬박 8일에 해당되는 시간이다. 이 시간이면 가족과 여행을

갈 수도 있고, 좋아하는 책을 30~50권쯤 읽을 수도 있다. '시간이 없다'는 이유로 보지 못한 24부작 미니시리즈 드라마도 8편이나 볼 수 있다. 영화로 치면, 3시간짜리 대작을 70편쯤 볼 수 있다. 이런 엄청난 시간 동안 내가 한 일은 기껏 게임 실력을 높인 것이다. 그런데도 여전히 게임을 하면 몸이 달아오르고, 갈 길이 멀었다는 생각이 든다. 백퍼센트 승률이 나오지 않았기 때문이다. 게임에서 패배하면 마음이 조급해지고, 점점 더 많은 시간 동안 게임 생각을 하고, 결국 게임 아이템을 구입하게 된다. 게임을 하다 보니 내 인생에 극복하고 뛰어 넘어야 할 허들이 생긴 것 같았다. 게임이라는 희한한 허들이. 분명히 게임은 시간 도둑이다.

둘째, 게임이 폭력적이라는 점이다. 우리나라 게임에서 성적인 코드는 그리 강하지 않다. 아마도 성적인 코드가 더 강한 동영상이 인터넷상에 널려 있고, 게임에 성적인 코드까지 넣으면 엄청난 비난에 직면할 것 같아서 게임업계에서 몸을 사린 결과일 수도 있다. 그러나 많은 게임에 폭력적인 장면이 필수적으로 들어 있고, 그것도 매우 자극적이고 선정적으로 묘사되어 있다. 영화나 텔레비전에도 폭력적인 장면이 나오긴 하지만, 관람객이나 시청자는 오로지 등장인물들의 행동을 통해서만 그런 폭력을 간접적으로 경험한다. 이 점이 게임과 큰 차이점이다. 게임에 나오는 폭력적인 장면을 경험하는 방식도 간접 경험이라고들 말하기 쉽지만, 대부분 자신의 캐릭터에 감정이입이 되어 게임을 즐기는 현실을 감안하면 거의 직접 경험이라고 할 수 있다. 결국 게임을 즐기는 사람은 잔인한 폭력까지 즐기게 되고, 그에 따라 그 사람의 성격도 차츰 폭력적으로 변할 수 있다.

폭력적인 게임 가운데 대표적인 것이 '총싸움을 하는 게임'으로, 우리나라에서 가장 인기가 많은 게임 중 하나이다. 나는 누군가 이런 종류의 게임을 즐기는 모습을 보면 기분이 섬뜩해진다. 상대방 머리를 총으로 관통하고는 깔깔대고 웃고, 서로 '야, 저쪽 몸통 날려!' 같은 말을 주고받는 모습을 보면 게임 회사를 운영하는 사람으로서 결코 마음이 편치 않았다. 물론 게임이기 때문에 죽은 캐릭터라도 다음에 다시 살아난다. 그래서 그리 폭력적이지 않다고 볼 수도 있을 것이다. 하지만 이런 게임에서는 언제나 상대방을 계속 죽여야 한다. 그러므로 어찌 폭력 그 자체를 즐기는 게임이 아니라고 할 수 있겠는가?

셋째, 게임을 하면 감정 조절이 어려워진다. 게임을 하는 플레이어의 감정상태를 한마디로 표현하면, 클라이맥스를 향해 끊임없이 올라가는 중이라고 할 수 있다. 전쟁을 치르는 전장의 군인 같은 심정이랄까, 골문을 향해 질주하는 축구 선수의 감정이랄까? 사람의 감정도 숨 돌릴 틈이 필요할 텐데, 한창 게임을 하다 보면 감정이 정리될 시간적 여유가 없다. 게임에 몰입해 있는 긴 시간 동안 상당한 긴장감과 스트레스에 그대로 노출되어 있는 것이다.

사실 우리가 살아가는 현대사회가 몹시 각박해서 어느 때보다 감정 조절이 절실하다. 자신의 감정을 잘 조절하는 사람이 대인관계든 사업이든 잘해내는 걸 자주 목격한다. 이런 감정 조절에서 벗어나려고 일부러 게임을 즐기는 사람도 있을 테지만, 일단 게임을 시작하면 단순한 심심풀이로 그치지 못하는 것이 문제이다. 많은 사람들이 게임을 하면서 한번 맛본 흥분되고 짜릿해지는 감정, 현실에서 결코 맛보기 힘든 극단의 감정을 다시 느껴보려고 게임에 계속 접속한다. 흔히 게임업계에서는 게임이 스트레스 해소에 도움이 된다고 하지만, 현실은 이런 말을 무색하게 한다. 게임을 하면 사람의 감정이 계속 강한 자극을 받을 수밖에 없는데 스트레스가 해소될 리가 없지 않은가?

나도 축구 게임을 하면서 강한 자극에 감정이 과도하게 분출되는 것을 경험했다. 특히 처음으로 승부에 대한 집착이 생겼을 때, 나를 약 올리는 상대를 만났을 때 더욱 그러했다. 그때는 게임 한 판 한 판이 긴장의 연속이었고, 실제로 게임을 하고 나면 온몸이 뻐근해졌다. 나도 모르게 눈과 어깨, 손에 힘이 잔뜩 들어갔다. 다리에 쥐가 난 적도 있었다. 이런 증상은 감정을 쉴 새 없이 몰아치고 조절하지 않음으로써 생긴 것이다. 게임을 장시간 즐기면, 이처럼 감정 조절도 점점 어려워지고, 몸까지 망가뜨리는 결과를 낳는다. 이와 관련하여 게임 회사들에 아쉽고 안타까운 점이 있다면, 처음 게임을 만들 때 이런 상황을 예상할 수 있으므로 이윤을 조금 덜 내더라도 덜 자극적인 요소를 사용할 수 있지 않느냐 하는 것이다.

넷째, 게임 이용자의 경제관념이 잘못 형성될 수 있다. 게임과 경제관념에 대한 이야기는 앞에서도 여러 번 했다. 게임을 잘하려고 게임 아이템을 사다 보면, 노력보다 돈이 우선이라는 생각을 하게 된다고 미리 지적했다. 하지만 이 이야기는 방향이 다르다. 아이들은 게임을 하기 위해서는 월정액 요금을 내기도 하고, 게임 아이템을 사는 데도 돈을 쓴다. 이 돈은 대부분 자기 힘으로 마련하지 않는다. 집에 있는 전화를 걸어서 에이알에스(ARS) 결제를 하기도 하고, 부모님 명의로 된 휴대전화를 통해 결제하기도 한다. 결국 부모님이 아이들의 게임 비용과 게임 아이템 구입비를 대고 있는 것이다. 이렇게 게임에 돈을 들이는 것은, 직접 자신의 호주머니에서 돈을 꺼내 눈에 보이는 물건을 사는 것과 다르다는 데 문제가 있다. 게임에 돈을 쓴 경우, 자기가 정말로 돈을 쓴 건지 실감하기가 훨씬 더 어렵다. 이런 면에서 게임을 하면서 돈을 쓰는 일이 많아지면 무계획적인 지출을 하기 쉽고, 돈에 대한 경제관념이 약해질 수 있다.

나도 게임 중독 실험을 하면서 3개월째부터 게임 아이템을 사느라 돈을 쓰기 시작했다. 주로 휴대전화 결제를 이용했는데, 왠지 신용카드로 결제하는 것보다 돈을 적게 쓴다는 느낌이 들었다. 통신요금과 함께 청구되어 그런 느낌이 더했던 것 같다. 내 경우는, 휴대전화 결제가 지출 감각을 무디게 했다. 이미 얼마나 썼는지 모른 채 게임 아이템을 마음껏 구입하다 보니 매달 몇 만 원 쓰는 것은 우스웠다. 그 금액은 내 예상을 뛰어넘었다. 나중에 금액을 확인하고 나서야 '내가 이렇게 많이 썼나?' 하고 후회할 정도였다. 성인인 내가 이 정도이니 게임을 즐기는 아이들도 예외는 아닐 것이다.

지금까지 살펴본 것처럼 현재 게임은 안타깝게도 순기능보다 역기능이 많다. 게임에는 사회악으로 여길 요소가 많다. 여기서 한 가지 더 말하고 싶은 것은, 게임에는 많은 사회적 비용이 뒤따른다는 점이다. 게임 산업 부국론을 내세우는 게임업체들은 연간 10조 원(3~5조 원으로 보는 경우도 있다)을 벌어들이고 있다. 해외 수출량도 만만치 않다고 주장한다. 그러나 게임 산업이 발전할수록 그에 따른 사회적 비용이 점점 더 커지고 있다. 현재 우리나라에만 게임에 중독된 사람이 200만 명에 육박하고, 그로 인한 사회적 부담 비용이 최소 8,000억 원에서 최대 2조 2,000억 원(2008년 기준. 여성기족부 2010년 발표 자료)에 달하며 이것도 계속 증가 추세에 있다. 앞으로 게임의 시장 규모가 더 커질수록 사회적 비용이 더 많이 발생한다면, 게임 산업을 우리가 계속 지키고 가져가야 할까?

한편 한국콘텐츠진흥원이 2007년 발표한 자료에 따르면, 게임 등 인터넷 과다 이용자들 중 78.1%가 게임에 대한 엄격한 등급 심의, 청소년 접근 제한 등 정부의 적극적인 규제 노력이 필요하다고 응답했다. 누구보다 게임을 많이 즐겼을 이들의 응답은 절규에 가깝게 들린다. 말 그대로 게임에서 빠져나오고 싶은데도 그러지 못하는 이들이 '너희만은 제발 이곳에 빠져들지 말라'고 외치는 것 같다. 상황이 이러한데도 그 누구도 책임지지 않는 것이 우리의 슬픈 현실이다.

게임을 통해 결코 **배울 수 없는** 것

게임업계에서는 게임을 통해 뭔가를 배울 수도 있고, 게임에는 긍정적인 면이 많다고 주장한다. 이제껏 나는 내 경험과 논리로 이 주장에 반박했고, (온라인)게임의 실상과 실체에 대해서도 말했다. 이제부터 나는 게임을 통해서는 도저히 배울 수 없는 것들에 대해 이야기할 것이다. 아무리 게임의 긍정적인 면을 주장하는 게임업계에서도 이 점에 대해서는 결코 반대할 수 없을 것이다.

첫째, 게임을 통해서는 제대로 된 언어를 절대로 배울 수 없다. 수준 있는 언어를 배우기 어렵다는 말이다. 의사소통 능력과는 별개이다. 게임업계에서는 게임이 커뮤니티 활동이나 팀을 이뤄 펼치는 플레이를 통해 의사소통 능력을 키워준다고 말할 수 있을 테니까. 그러나 게임을 통해서는 제대로 된 언어, 고급스러운 언어 구사능력은 결코 배울 수 없다. 이런 능력을 기준으로 하면, 확실히 온라인게임은 텔레비전이나 만화책만도 못하고 좋은 책과는 비교도 되지 않는다. 그 이유는 간단하다. 게임 세상에서는 깊이 있는 대화가 없다. 상식이 필요한 대화도 거의 없다. 상대방의 생각을 확인하는 정도로 대화는 끝이다. 그래서 게임 세상에는 이른바 '초딩체'라고 부르는 초등학생들이 주로 쓰는 단어와 줄임말이 난무하다. 이런 곳에서 어떻게 제대로 된 언어를 배우고, 말의 맛과 깊이를 느끼겠는가? 내가 경험한 일도 똑같다. 축구 게임을 하는 동안, 게임 상대와 나눈 언어는 주로 'ㅎㅅㅇ', 'ㄹㄷ', 'ㄱㄱ', 'ㅅㅂ'이었다. 이것은 각각 '한수요(한 수 가르쳐주세요)', '레디(게임 준비되었습니다)', '고고(빨리 시작합시다)', '시발(욕설)'에서 첫 자음만 따온 것이다.

둘째, 게임을 통해서는 일반상식을 결코 배울 수 없다. 일반상식은 학교에서 배우는 특정 분야의 지식 못지않게 사람이 살아가는 데 아주 중요하고 꼭 필요하다. 일반상식은 자신을 더욱 빛나 보이게 할 수도 있고, 실제 삶을 윤택하게 할 수도 있다. 또한 다양한 사람들과의 만남에서 대인관계를 긴밀하게 해줄 수도 있다. 이를테면 와인에 대한 상식이 풍부한 사람이 와인 애호가를 만난다면, 와인 이야기만으로도 몇 시간을 함께 보내며 가까워질 수 있다. 프로야구에 대한 상식이 풍부한 사람, 역사에 대한 상식이 풍부한 사람, 물에 대한 상식이 풍부한 사람 등등 누구나 이런 유리한 조건을 갖고 있다.

나는 몇 년 전에 KBS1 텔레비전에서 하는 〈퀴즈 대한민국〉 프로그램에서 최종 라운드까지 진출한 적이 있다. 그 프로그램에 문제로 제시된 '해먹'(남태평양 지방 등에서 나무 사이에 매달아 놓고 침대처럼 사용하는 그물)이나 '데칼코마니'(종이에 물감을 칠한 뒤 반으로 접어서 대칭적인 무늬를 만드는 미술 기법)는 사실 모두 텔레비전이나 만화에서 봤던 것들이다. 언젠가 텔레비전이나 만화에서 본 내용이 머릿속에 저장되어 있다가 필요한 순간에 기억이 난 것이다. 이렇게 보면 어렸을 적에 부모님이 걱정했던 텔레비전 시청이나 만화책이 내게는 상식을 넓히는 데 큰 도움을 준 셈이다. 그러나 대다수 (온라인)게임을 통해서는 결코 이런 지식을 얻을 수 없다. 내 경우 축구 게임을 하면서 축구 선수를 여럿 더 알게 되었지만, 같은 시간과 노력을 들여 축구 잡지 같은 것을 보았다면 훨씬 더 풍부한 축구 상식을 얻었을 것이다.

이렇듯 게임을 통해서는 우리 아이들에게 꼭 필요한 제대로 된 언어와 일반상식을 배울 수 없다. 게임은 우리가 생각하는 것 이상으로 유해하고 무익하다. 사실 게임의 유해한 면은 직간접적으로 많이 알려졌지만, 게임의 무익한 면은 언급된 일이 거의 없다. 유해한 면에 대해서는 더 말할 것도 없다. 게다가 그 많은 시간과 노력을 들여 하는 게임이 아무 쓸모없는 것이라고 하면 이보다 더 허무한 일이 있을까? 게임업계에서 주장하는 게임의 이점은 과장이거나 거짓이다. 게임을 통해 배울 수 있는 것은 사실상 없다. 독자들 가운데 아직도 게임을 통해 뭔가 배울 수 있다고 믿는 이가 있다면, 그것은 환상일 뿐이라고 단호히 말하겠다.

Part 3

게임이여, 이제 안녕!

스트레스와 게임

그렇다면 무익하고 유해한 이 골칫거리 게임은 우리에게 어떤 의미가 있을까? 어떻게 해야 게임에 중독되지 않을까? 궁극적으로 어떻게 해야 게임에서 중독된 아이들을 구출해낼까?

먼저 아이들은 도대체 왜 게임을 하는지 생각해보자.

도파민에 대해 들어보았는가? 알다시피 도파민은 뇌신경 세포의 흥분 전달 역할을 담당하는 신경전달 물질이다. 이 도파민은 우리가 뭔가 즐거운 일을 할 때 나온다고 한다. 즉 이 도파민 같은 물질의 화학작용으로 우리가 쾌락이나 즐거움을 느낀다는 것이다. 눈여겨볼 점은, 도파민 방출을 촉발한 자극이 멈추면 도파민이 원래보다 더 낮은 수준으로 떨어진다는 것이다. 그래서 실제로 쾌락이나 즐거움 뒤에 약간의 불쾌감을 느끼고, 이를 만회하려고 조금 더 자극적인 것을 찾게 된다고 한다. 그러고 나면 도파민은 더욱더 낮은 수준으로 떨어지고, 또다시 더욱더 강한 쾌락을 쫓는 일을 반복하게 된다. 이것이 바로 뭔가에 중독되는 과정이다. 미국 스탠포드 대학 생물학과 및 의대 교수로 재직 중인 로버트 새폴스키는, 이를 중독이라는 하방성 톱니

바퀴의 본질이라고 부른다.

중독의 과정에서 흥미로운 점은, 예측 가능성이 결여된 상황이 도파민을 방출하여 즐거움을 느끼게 하기도 하지만 또 다른 한편으로 정신적 스트레스를 더욱 악화시킨다는 것이다. 새폴스키 교수에 따르면, 예측 가능성이 결여된 불확실한 상황을 우리의 뇌가 양호하다고 여기면 즐거움을 느끼게 되지만, 해롭다고 여기면 고통을 느낀다고 한다. 그래서 중독성 높은 도박을 하는 라스베이거스 같은 곳은, 그곳의 환경을 양호하게 여기도록 이미지 조작에 많은 공을 들인다. 사람들이 즐거움을 느껴서 계속 도박에 빠져들도록 하기 위함이다. 물론 이 이야기는 예측 가능성이 결여된 상태가 일시적인 경우에 해당한다.

게임과 도파민의 관계에 대해서도 언론에서 많이 언급되었다. 마약이나 중독성 물질을 흡입할 때와 마찬가지로 게임을 하면 도파민이 많이 분비된다는 보도였다. 게임 자체가 중독성이 강하고 그만큼 쾌감도 크다는 의미이다. 그런데 앞에서 이야기한 것을 토대로 해서 한 번 짚어볼 부분이 있다. 요즘 아이들은 학창시절 내내 학업에 대해 엄청난 스트레스를 받고 있다. 이런 상황에서 게임을 하면 도파민의 분출로 스트레스를 잊는 효과가 생긴다. 아이들이 쉽게 게임 세계에 빠지는 것은, 어떻게 보면 깨어 있는 시간 내내 공부하라고 요구하고, 주위 친구들을 모두 경쟁자로 여기게끔 하여 스트레스를 잔뜩 안겨준 부모님들과 학교, 우리 사회에 책임이 있는지 모른다.

게다가 게임 자체가, 플레이어가 통제할 수 없고 결과가 어떻게 날

지 모르는 불확실한 상황이 계속 이어진다. 그리하여 앞에서 언급한 대로 게임을 하면 도파민 증가로 쾌감을 느끼고, 게임을 끝내면 불쾌감을 느끼게 된다. 결국 더 강한 쾌감을 얻기 위해 더 자극적인 게임을 찾고, 더 많은 시간을 게임에 할애하는 것이다.

이렇듯 우리 아이들이 게임에 빠지는 것은, 아이들 어깨에 지워진 무거운 스트레스와 게임 자체가 지닌 중독적인 성격 때문이다. 아이들은 스트레스를 피하고 그 자신을 스스로 보호하려고 도파민이 방출되는 게임을 자연스레 찾는다. 거기에 게임이 멋진 그래픽으로 포장되고, 첨단 산업이자 수출 역군으로 언론에서 떠받들고 있는 상황이므로 아이들은 게임을 양호하게 여겨 더욱 쉽게 빠져든다. 부모님들 역시 게임에 대해 이런 이미지들을 은연중에 받아들인 탓에 게임을 하는 자녀를 그리 심각하게 바라보지 않는다.

아이들은 지금 이 시간에도 스트레스를 무디게 하는 대신에 쾌감을 주는 도파민을 찾아 게임에 접속하고 있다. 게임이 더 큰 스트레스가 될 수 있고, 나중에 더 큰 자극을 필요로 하므로 결코 해결책이 될 수 없음에도 말이다. 사실 아이들은 게임을 즐기는 게 아니라 어쩌면 우리 어른들과 사회에 에스오에스(SOS)를 치고 있는지도 모른다.

아이들은 **어떤 계기**로 게임을 **시작하는가?**

　　　　　　나의 학창시절은 오락실의 시대였다. 친구 가운데에는 날마다 아주 성가실 만큼 오락실에 가자며 졸라댄 아이도 있었다. 한 번은 그 친구가 상가 2층에 있는 오락실로 나를 끌고 가는 모습을 보고 주위 어른들이 말린 적이 있었다. 내가 오락실에 가기 싫다며 너무 완강히 저항한 탓에 어른들이 내 친구를 돈을 빼앗으려는 불량배로 오해한 것이다. 아무튼 그 시절에 오락실은 많은 학생들의 유일한 즐거움이었다.

　　돌이켜보면 그 당시 오락실 게임은 중독성이 별로 없었던 것 같다. 게임 속에 들어가 다른 사람을 만나는 것도 아니고, 게임을 친구와 함께 하는 경우도 있지만 혼자 하는 경우도 많았다. 그리고 무엇보다 게임에 끝이 있었다. 즉 돈을 넣으면 게임이 시작되고, 정해진 시간이 되어 게임이 끝나면 그것으로 그만이었다.

　　학부모님들은 예전에도 오락실 때문에 걱정하긴 했지만, 요즘처럼 게임 때문에 공부를 안 한다거나 잘못하면 인생을 망칠 수도 있다는 생각 같은 것은 하지 않았다. 사실 그만큼 오락실에 푹 빠진 아이들이 거의 없었다. 그러다가 컴퓨터게임이 본격적으로 생기면서 아이들은 집에서 게임을 즐기게 되었고, 아이들의 삶에 게임이 점점 깊숙이 자리 잡게 되었다. 1990년대 초중반부터 이런 본격적인 게임 세대가 등장했다.

지금의 30대 중후반은, 대다수가 초중고 시절에 게임을 본격적으로 접했다. 출생연도로 따지면 1976~77년 이후에 태어난 이들이다. 이 세대와 1975년 이전에 태어난 세대는 분명히 차이가 있다. 1976~77년 이후에 태어난 세대는 이런 이야기들을 한다. "우리 반 아이들 대부분이 게임을 했어요." "그때 ○○게임을 하느라 밤잠을 못 잤어요." "정말 게임을 영원히 하고 싶었어요." 그에 반해 1975년 이전에 태어난 세대는 이렇게 말한다. "오락실에 정말 자주 다녔지. 몰래 돈도 안 내고 오락을 해보기도 했어." "게임도 한 번 해본 사람이 하는 거지. 우리 아이가 하는 걸 보았는데 나는 어려워서 영 못하겠더라." "게임이 뭐지? 오락인가?"

《대한민국 게임백서 2006》에 따르면, 처음으로 게임을 접하는 시기가 남성은 평균 16세, 여성은 평균 18세이다. 이 시기는 점점 빨라지는 추세이다. 특히 연령이 적을수록 게임을 처음 접하는 시기가 더 빠른데, 이는 어린 자녀를 둔 부모가 게임에 대해 잘 알아야 함을 보여주는 좋은 자료이다.

위의 게임백서의 조사 결과에 따르면, 친구 권유로 처음 게임을 접하는 경우가 절대적이었다. 하나의 게임을 즐기다가 다른 게임으로 바꾸는 이유도 '처음 게임이 재미없어서'라는 이유가 전체의 1/3이지만 '친구의 권유'로 바꾸는 비율은 15%나 되었다. 즉 처음 한 게임이 재미있어도 친구가 더 재미있는 게임이라며 추천해주면 새 게임을 택한다는 의미이다. 어떤 게임을 처음 접하는 일에 친구의 힘이 절대적으로 작용한 경우가 많은 것이다.

이제 '친구 따라 강남 간다'는 속담은 '친구 따라 게임 한다'로 바뀌어야 할지도 모르겠다. 주위에 게임을 하는 친구가 있으면 그 친구를 따라 게임을 시작하기 쉽고, 특히 게임에 푹 빠진 친구가 있다면 더 큰 영향을 받을 것이다. 결국 아이들을 게임 세상으로 이끄는 사람은 다름 아닌 친구들이다.

아래에 덧붙인 기사를 보면, 본격적인 게임 세대인 1976~77년 이후 출생자들이 이제 게임 산업에서 중요한 소비자로 자리매김하고 있음을 알 수 있다. 또한 이들 역시 처음 친구의 권유로 게임을 시작하고, 다른 친구에게 게임을 권하는 등 친구들끼리 많은 영향을 끼치는 것을 알 수 있다.

참고 기사

- -

게임 주소비층 30 · 40대로 세대 교체(?)　　　《연합뉴스》 2007년 8월 13일

게임 이용자층이 연령을 초월해 확대되면서 구매력이 뒷받침되는 30,40대가 게임업계의 핵심고객으로 급속히 부상하고 있다. (중략) 업계에서는 이

같은 추세를 게임 산업의 성숙에 따른 자연스러운 현상으로 받아들이는 동시에 문화 및 경제적 측면 모두에서 크게 발전적으로 작용할 것으로 기대하고 있다. 30대 이상 이용자층이 늘어난 것은 20년 전에는 '재믹스' 등 패밀리게임기를, 10년 전에는 '스타크래프트'와 '디아블로', '리니지' 등을 즐기던 세대가 여전히 게임을 즐기면서 가능했다는 것. (하략)

앞에서 아이들이 게임을 시작하게 된 계기가 친구의 권유라고 말했지만, 이것 외에 더 근본적인 계기가 있다. 그것은 바로 부모님과 잘못 형성된 애정관계, 또는 부모님의 무관심이다. 게임이 너무 좋아 학교 수업을 빼먹으면서까지 게임 테스터로 자원해 일하는 어린 친구들을 보며 그런 사실을 더욱 절실히 느꼈다. 우리 회사에 찾아온 게임 테스터들은 대개 10대 후반부터 20대 초반으로 한창 패기 있고 씩씩할 나이인데, 대부분 기운이 없어 보였다. 이후에 한 경험이지만 내가 직접 겪어보니 게임을 하면 상상 외로 육체적, 정신적으로 힘이 들긴 했다. 아무튼 그렇게 기운이 빠진 젊은 친구들이 보기 안타까워 일부러 식사자리를 마련해 많은 이야기를 나누었다.

'게임이 삶의 전부'라는 그 테스터들 가운데 많은 이들에게 공통점이 있었다. 가정과 부모님에 대한 애정관계가 매우 약했다. 부모님들에 대해 무관심한 경우도 많았고, 부모님들에 대한 질문 자체를 꺼리는 경우도 있었다. 한 테스터는 어머니에 대해 말하기를 몹시 꺼려해서 어머니가 안 계신 줄 알았는데, 알고 보니 부모님이 모두 계셨다.

아이들을 보듬어서 더 밝고 건강하게 해줘야 할 가정이 이 아이들을 게임 속으로 밀어 넣고 있지 않은가 하는 생각에 마음이 울적해졌다. 이런 가정의 경우, 경제적 사정이 그리 나쁘지도 않았다. 한 테스터는 게임에 완전히 빠져서 거의 온종일 게임만 하고 지낸다고 하는데, 집은 꽤 부유한 편이지만 부모님이 늘 집에 없어 함께하는 시간이 몹시 적다고 했다. 이 테스터도 남 이야기하듯 부모님에 대해 말하는 게 인상적이었다. 가족과 애정관계가 깊지 못한 테스터들과 속 깊은 이야기를 나눌 수는 없었지만, 특히 부모님 두 분이 화목하지 않은 경우가 많았다. 이런 경우 가정에서 아이는 마음 붙일 곳을 찾지 못하고, 부모님은 아이에게 관심을 두지 못하는 악순환이 이루어진다.

요약하면, 아이들이 게임을 시작하는 표면적인 계기는 친구의 권유이지만, 근본적인 계기는 부모님의 영향이다. 자녀에게 게임 문제가 있다면, 그 모든 문제가 부모님에게서 비롯된 것이므로 절대로 자녀를 탓하지 말기를 바란다. 그리고 이제부터라도 더 진지하게 자녀의 문제를 고민하기를 바란다. 그렇게 해야만 자녀가 게임에 종속되지 않는 삶을 살 수 있다.

게임이 아이들에게 미치는 영향을 이야기할 때 어떤 이들은 게임이 모든 아이들에게 해로운 영향을 끼치는 마약과 같다고 하고, 또 어떤 이들은 게임이 일부 아이들에게만 해롭다고 주장한다. 이처럼 게임이 미치는 양상은 다르다고 주장하지만, 양쪽에서 내세우는 해결책은 공

통적이다. 그것은 바로 부모님의 역할이 매우 중요하다는 것이다. 해
결책이 게임 자체에 있다기보다는 부모님의 관심과 책임의식에 있다
고 보는 것이다.

온 가족이 모여
게임을 즐길 수 있을까?

흔히 우리나라 게임 문화는 다른 나라들과 다르다고 말한다. 미국에서 1년쯤 지내면서 겪은 일을 떠올려보면 그런 면이 분명히 있는 것 같다. 미국에서 본 가장 인상적인 것 가운데는 집에서 아이들이 게임을 즐길 때 방이 아닌 거실에서 하는 모습과, 어른들이 매장에 나가서 직접 게임 소프트웨어를 고르는 모습이었다. 전체적으로 사람들이 게임 문화에 열려 있는 것 같았다.

우리나라도 게임 문화가 자리 잡을 무렵에 미국처럼 친구들끼리 거실에 모여 게임을 하고, 부모와 함께 게임을 하는 분위기가 형성되었다면 지금의 게임 문화는 많이 바뀌었을 것이다. 첫째, 지금처럼 자극적인 게임보다 가족 전체가 편하게 웃으면서 즐길 수 있는 게임이 인기를 끌었을 것이다. 내 어린 시절을 돌이켜보면, 친척끼리 모이면 남녀노소에 상관없이 윷놀이나 화투놀이를 즐기곤 했다. 모두 함께 게임 그 자체를 즐긴 것이다. 그 당시 게임은 자극적이지도 않고, 그 대신에 많은 웃음을 제공했다. 둘째, 아이들의 게임 중독 문제가 지금처럼 심각하지 않았을 것이다. 단언컨대 게임도 한자리에 모여 여러 사람이 어울려 하면 결코 중독되지 않는다. 혼자 게임에 몰입할 환경이 주어지지 않으므로 남모르게 게임에 중독되는 일이 없었을 것이다. 셋째, 아이들이 지금처럼 게임에 돈을 무절제하게 사용하지 않았을 것이다. 여러 사람이 함께 게임을 즐기면 돈을 마음대로 쓰는 일이 거의 없었을 것이다.

그러나 우리나라의 게임 문화는 이와 정반대로 정착되었다. 부모님들에게는 게임이 공공의 적이 된 반면, 아이들에게는 게임이 혼자만의 세계이자 일종의 탈출구가 되었다. 아이들이 부모님과 함께 게임을 즐기는 모습은 상상하기 어렵고, 아이들끼리라도 거실에서 게임하는 모습은 기대하기 어렵다. 우리나라에서 게임의 이미지를 가장 잘 표현해주는 곳이 바로 피시방이다. 어두운 조명과 퀴퀴한 냄새, 벌게진 얼굴로 컴퓨터 화면을 들여다보는 아이들. 우리나라에서 게임은 어둠 그 자체이다. 아이들이 부모님과 함께 게임을 즐기는 모습은 어색하고 생소하기만 하다.

지금 바로 우리의 게임 문화를 바꾸기는 쉽지 않다. 게임 회사에 자극적인 게임을 만들지 말라고 요구할 수 없고, 온 가족이 모여 게임을 즐기는 분위기로 갑자기 바꿀 수도 없다. 따라서 점진적인 노력이 필요한데, 무엇보다 부모님들이 자녀가 즐기는 게임에 관심을 두는 것이 중요하다. 부모님들이 자녀가 균형 있게 게임을 즐길 수 있도록 보살펴주어야 한다.

앞에서 말한 대로 1976~77년 이후에 태어난 세대는 어려서부터 게

임을 본격적으로 해보았기 때문에 부모로서 자녀가 게임을 즐기는 것
에 적극적으로 개입할 수 있을 것이다. 자녀와 함께 게임을 즐기거나
게임에 대해 구체적인 이야기를 나눌 수도 있을 것이다. 한편, 1975년
이전에 태어난 세대는 자녀와 함께 게임을 즐기기가 쉽지 않을 것이
다. 그러나 많은 노력을 기울이면 충분히 자녀와 함께 게임에 대해 솔
직하게 이야기를 나눌 수 있을 것이다.

왜 부모님이 **직접 게임을 해봐야 할까?**

앞에서 게임 중독 실험 과정을 밝히면서 나는 3~4개월 이상 게임을 해온 아이들에게 게임을 금지하기는 쉽지 않을 거라고 말했다. 무작정 게임을 금지하면 아이는 금단증상을 겪을 것이고, 부모님과 아이 사이에 다툼이 생겨 서로 감정이 상할 것이다. 아이들 입장에서 게임에 무작정 반대하는 부모님에게는 마음을 열 가능성이 거의 없다. 뇌과학과 커뮤니케이션 분야의 전문가인 연세대학교 김주환 교수의 말을 빌리면 '게임을 절대로 하지 말라는 말을 강압적으로 듣는 아이는 게임에서 빠져나오지 못할 확률이 상당히 높다'고 한다.

누구든 자신이 하는 일을 이해해주거나, 아니면 이해하려 노력하는 사람에게 마음을 열기 마련이다. 게임을 즐기는 아이들 역시 마찬가지이다. 그러므로 부모님이 자녀와 게임에 대해 진지하게 대화하고, 직접 게임을 즐겨보기까지 하면 자녀와 금세 공감대를 이룰 것이다. 이런 부모님을 둔 자녀라면 부모님을, 자신을 짓누르는 권위적인 존재로 여기지 않고 스스럼없이 자신이 겪고 있는 심적 어려움을 털어놓을 것이다. 이때 부모님은 자녀에게 새로운 취미와 관심거리를 제시해볼 수 있다. '내가 해보니까 게임보다는 이게 더 재미있더라'라는 말과 함께. 부모님이 게임을 이해하려는 노력 없이 이런 말을 한 경우와 전혀 다른 효과가 나타날 것이다. 부모님이 자녀와 함께 게임을 할 수 없는 경우라면, 게임에 대해 풍부한 지식과 상식, 이해로 무장한 뒤 자녀와 이야기를 나누면 좋을 것이다. 그런 다음에 역시나 새로운 취미와 관심거리를 제시하면 좋을 것이다. 부모님과 자녀가 대화할 때는 언제나 공통의 소재와 공감대 형성이 아주 중요하다.

이 과정에서 부모님이 주의할 점이 있다. 아무리 자녀와 공감대가 형성된 것 같더라도 '게임을 하지 말고 공부를 하라'는 말은 결코 해서는 안 된다. 이때까지 한 노력이 헛수고가 되기 십상이니까. 게임 외에 자녀가 재미있어 할 만한 취미나 관심거리만 슬쩍 말해주면 된다. 아이들에게 좋은 취미나 관심거리에 대해서는 나중에 이야기하겠다.

위에서 언급한 김주환 교수의 저서 《회복탄력성》에는 주목할 만한 이야기가 실려 있다. 하와이의 카우아이 섬에서 태어난 아이들에 대한 이야기이다. 이 아이들은 최악의 환경과 조건에서 자란 까닭에 분명히 사회에서 3류 시민으로 성장할 거라 예상했지만, 이 중 1/3은 다른 좋은 환경에서 태어난 아이들보다 더 훌륭하게 자랐다고 한다. 성품도 바르고, 좋은 대학에 합격하는 등 도저히 카우아이 섬에서 자란 아이들답지 않은 것이다. 그래서 조사해보았더니 이 아이들에게는 공통적으로 무조건적으로 정서적 지원을 해주는 어른이 최소 한 명은 있었다고 한다. 이 이야기는 게임의 수렁에 빠진 아이를 구출해내는 데 가장 중요한 일이 '공감대 형성'임을 다시 한번 확인해준다. 아이가 즐기는 게임을 무조건 거부하지 말고 이해하려 애써야 한다는 뜻이다.

한 선배는 이런 나의 조언을 듣고 놀라운 실천력을 발휘하여 게임에 푹 빠져 있던 아이들을 멋지게 탈출시켰다. 더욱이 1976~77년 이후에 태어난 게임 세대가 아닌 40대 중반의 나이임에도 자녀와 공감대 형성에 성공했다. 이 선배는 평소 스스로 멋쟁이 아버지라고 자부했다. 아이들과 이야기도 많이 나누고, 같이 여행도 자주 다녔다. 누가 봐도 가정적인 분이었다. 그런데 언제부터인가 아이들과 거리감이 생기고, 아이들을 게임에 빼앗기고 있다는 느낌이 들었다고 한다. 다음은 그 선배와 내가 나눈 대화를 옮겨 적은 것이다.

"퇴근해서 집에 들어갔는데, 아이들이 내가 들어오는 것을 보고 후다닥 컴퓨터를 끄더라고. 그때 조금 충격을 받았어."

"그러셨겠네요."

"집에 들어가면 늘 아이들과 함께 놀았거든. 아이들이 나한테 뭔가 숨길 수 있다는 건 생각도 못했어."

"아이들은 컴퓨터로 뭘 하고 있었어요? 게임이겠지요?"

"어, 맞아. 게임을 했다고 하더라고."

"그럼 아이들에게 게임을 하지 말라고 할 건가요? 제 생각에는 안 그러는 게 좋을 것 같아요. 부모님이 게임을 하지 말라고 해서 안 하는 아이는 본 적이 없거든요."

"허허. 그래? 그럼 어떻게 해야 하지?"

"이렇게 이야기하세요. 아빠랑 게임을 같이 해보자고요. 그리고 바로 실천하는 모습을 보여주세요. 컴퓨터를 하나 더 구해서 집에서 아이들이랑 같이 게임을 해보세요. 그런데 선배님이 직접 게임을 하기 어려우면 아이들이 게임할 때 항상 옆에 있어주고 응원해주세요. 그리고 게임에 대한 여러 정보와 지식을 익히세요. 아이들과 게임에 대해 이야기를 나누는 게 중요합니다."

이 선배는 상당히 적극적인 아버지였다. 게임을 배우기에는 나이가 약간 많다고 여겼는데, 선배는 아이들에게서 직접 게임을 배우기 시작했다. 게임을 배울 때는 아이들이 선생님이 되고, 아버지가 학생이 된 것이다. 이 과정에서 선배는 아이들과 함께하면서 아이들의 마음을 이해할 것 같았다고 한다. 그리고 막상 게임을 해보니 생각보다 무척 재미있었다고 한다. 직장에서 사용하는 컴퓨터에도 같은 게임을 깔아 점심시간에 잠깐씩 즐기기까지 할 정도였다. 다른 동료나 후배들이 그런 선배의 모습을 보고 얼마나 당황했을까? 아무튼 선배는 그렇게 게임을 배워 즐기는 사이에 아이들을 게임에서 떼어놓을 좋은 방법이 떠올랐다고 한다. 처음 조언을 한 내가 옆에서 지켜보기에도 선배는 다른 도움이 더 필요 없는 게임 중독 예방 전문가가 되어가고 있었다.

먼저 선배는 아이들이 한 가지 게임에만 빠져 있는 모습을 눈여겨

봤다. 그 게임에서 빠져 나오게 하려고 아이들에게 다양한 게임을 해보자고 권유했다. 선배가 직접 게임을 해보니 한 가지 게임에 몰입하면 끝이 없겠다는 예감이 들었고, 게임에 돈을 계속 쓰게 되는 것도 문제라는 생각이 들었다. 한편으로는 그 한 가지 게임 외에 실제로 다른 게임을 다양하게 경험해보고도 싶었다. 아이들에게 게임을 이것저것 해보자고 하자, 아이들은 '우리 아빠 최고!'라는 표정으로 신이 나서 이런저런 게임을 해보자며 이야기꽃을 피웠다. 그러고는 여러 게임을 짧게 해보고 나자 아이들은 더 이상 한 가지 게임에 몰입하지 않았다. 사실 아이들이 한 가지 게임에 빠지는 것을 막는 것만으로도 선배는 큰 성과를 올렸다.

그런 다음 선배는 아이들이 관심 있어 하던 과학 만화책을 여러 종류로 잔뜩 골라서 안겨주었다. 아이들 입장에서는, 자신들을 잘 이해해주고 여러 가지 게임을 해보자고 제안한 멋진 아버지가 만화책까지 사주니 이제부터는 아버지의 말을 따르지 않을 수 없다. 지금 이 선배는 주말이면 아이들과 함께 만화책을 보면서 시간을 보낸다. 아이들이 원래 좋아한 과학 만화 외에도 역사, 수학, 스포츠와 관련된 유익한 만화책을 사주어 상식을 넓혀주고 있다. 게임에 빠져 있던 아이들이 아버지의 정성과 노력으로 새롭고 유익한 취미를 얻은 것이다.

대다수 부모님들은 이런 노력을 하기가 쉽지 않을 것이다. 하지만 이런 노력을 해야만 아이들이 게임에서 멀어질 수 있다. 게다가 이런 노력은 부모님과 아이 사이에 특별한 마찰을 일으키지 않는 아주 좋은 방법이다. 한 가지 당부할 것은, 부모님이 아이와 게임을 같이 하는 것은 어디까지나 아이를 게임에서 떼어놓기 위함이므로 부모님이 게임에 빠져 아이와 함께 허우적대서는 절대 안 된다는 것이다. 게임은 한 번 시작하면 빠져들 가능성이 높고 나중에는 스스로 통제할 수도 없으므로 아무리 어른이라도 늘 조심하고 또 조심해야 한다.

참고 기사

게임 회사 직원들은 내 자녀 게임 문제를 어떻게 풀까?

《K모바일》 2007년 9월 6일

게임 회사 직원들은 내 자녀가 처음 게임을 선택할 때부터 즐기는 과정까지 적극적으로 동참, 내 자녀의 게임 중독을 방지해야 한다고 생각하고 있었다. (중략) 설문 결과 대부분(93%)이 내 자녀의 게임플레이에 찬성하고 있는 것으로 조사됐다. 반대하는 의견은 7%에 불과했다. 하지만 게임 시간 및 비용 등은 철저하게 제한하며, 무리하게 게임을 금지하지는 않지만 아이들이 게임에 지나치게 빠지지 않도록 주의를 기울여야 된다고 생각했다.

게임 플레이 시간에 대해 묻자, '하루 1시간 이하(42%)', '하루 2시간 이하(42%)', '하루 3시간 이하(3%)', '주말에만(3%)' 순으로, 총 90%가 플레이 시간에 제한을 둬야 한다고 했다. (중략) 한편, '만약 내 자녀가 게임 중독에 걸리면 어떻게 치료하겠느냐'라는 질문에는, '직접 교육(플레이 시간 제한 및 대화 등)에 힘쓴다'가 65%, ‘자녀 스스로 이겨 나가게끔 조언해준다'가 20%, ‘병원에 데려가 전문가 치료를 받게 한다'가 13%, ‘다른 문제만 없다면 게임 중독을 대수롭지 않게 넘긴다'가 2%였다. (하략)

게임에도 **장르**가 있다

아이들을 게임으로부터 궁극적으로 떼어놓기 위해서는 부모님이 게임에 대해 잘 알아야 한다. 게임을 잘 알기 위해 먼저 게임의 종류부터 파악해보는 것도 좋다. 게임의 종류만 알고 이야기를 나누어도 아이들의 마음이 절반 이상 열릴 것이다. 이번 기회에 수많은 게임 가운데 더 자극적이고 위험한 게임은 어떤 것인지 알아두면 좋을 것이다.

게임도 영화처럼 여러 장르가 있다. 어떻게 보면 스포츠의 종목 같기도 하다. 영화는 멜로, 코미디, 공포 등 다양한 장르가 있고, 스포츠는 육상, 수영, 체조, 양궁, 태권도 등 여러 종목이 있다. 이런 장르나 종목에 따라 저마다 다른 재미가 다르다. 심지어 같은 종목에서도 100미터 달리기 같은 단거리 육상과 5천 킬로미터 달리기 같은 장거리 육상에는 서로 다른 재미가 있지 않은가?

게임의 한 장르로 먼저 갬블을 들 수 있다. 갬블은 우리나라 사람들이 좋아하는 장르다. 지금도 명절에 친척들이 모이면 화투놀이를 즐겨하곤 한다. 갬블에는 고스톱, 포커 등이 있는데, 갬블은 우연과 실

력이 묘하게 교차되는 매력 때문에 사람들이 많이 즐긴다. 하지만 갬
블은 게임 전체에 대한 인식을 더 안 좋게 만들기도 한다. 갬블 하면
으레 도박성 게임을 뜻하기 때문에 부정적 인식이 강하게 남아 있을
수밖에 없다. 한국의 유명 게임 사이트들 가운데 많은 수가 갬블로 큰
매출을 올리고 있다. 갬블은 주로 성인들이 많이 즐긴다.

또 다른 장르로 퍼즐이나 퀴즈 게임이 있는데, 상대적으로 머리를
많이 쓰는 게임이다. 예전에 영화배우 장동건이 광고하여 유명해진
일본 닌텐도 사의 두뇌 훈련용 게임도 이 종류에 속한다. 일본에서 건
너왔고 각종 신문에 자주 등장하는 스도쿠도 마찬가지이다. 단순하면
서도 푹 빠지게 하는 재미가 있는 퍼즐이나 퀴즈 게임은 특히 여성들
이 좋아한다.

알피지(RPG) 게임도 반드시 알아야 하는 장르이다. 알피지(RPG)는
'역할 수행 게임'이라고 번역되는 'Role Playing Game'의 약자이
다. 게임을 즐기는 사람이 게임 속 주인공이 되어 캐릭터를 키워나
가는 게임이다. 게임 중간에 여러 과제를 수행해야 하고, 끊임없이
능력을 키워야 한다. 다른 게임 이용자가 키우는 캐릭터를 만나 싸
우기도 하고, 흥정을 통해 사이버 상의 물건을 거래하기도 한다. 언
론에 가끔 누군가 게임을 지나치게 하다가 죽는 사건이 보도되는데,
이 경우 거의 알피지 게임을 하다가 그런 일을 당했다고 보면 된다.
그만큼 알피지 게임은 한번 시작하면 빠져들기 쉽고, 빠져들면 결코
헤어나기 쉽지 않다.

게임의 장르에는 이밖에도 모험을 떠나는 내용이 담긴 어드벤처 게임, 가게를 운영하여 성공을 꿈꾸는 타이쿤 게임, 예전에 유행한 '갤러그'와 비슷한 슈팅 게임, 치고 박고 뛰면서 플레이하는 액션 게임, 실제 운동하는 것 같은 승부를 겨루는 스포츠 게임, 차를 몰고 경주하는 레이싱 게임 등이 있다.

한때 우리나라에 굉장한 붐을 일으킨 '스타크래프트'는 전략 시뮬레이션 게임으로 불린다. 게임에 들어가면 자신의 작전을 세우면서 상대방의 작전을 파악해야 하고, 자신이 가진 자원을 효율적으로 나눠 사용하여 상대방을 빨리 무찔러야 한다. '스타크래프트'는 인기가 워낙 높아 이 게임을 전문으로 하는 프로게이머와 프로리그가 생겼고, 이 게임의 경기를 텔레비전으로 중계하기도 했다.

우리나라에서 큰 인기를 끄는 또 다른 게임으로는 에프피에스(FPS) 게임이 있다. 에프피에스(FPS)는 'First Person Shooting'의 약자이다. 게임을 즐기는 사람이 게임 속 주인공이 되어 총을 쏘며 전투를 벌이는 내용을 담고 있다. 이 게임이 인기 있는 이유는, 우스갯소리로 우리나라 성인의 절반이 군대에 다녀와 총에 대한 향수가 있는 거 아니냐고 말하기도 한다.

이렇게 많은 게임 가운데 부모님들을 가장 괴롭히는 게임은 무엇일까?

아이가 고스톱 같은 갬블 게임을 붙들고 있다며 걱정하는 부모님은 거의 없을 것이다. 우선 법적으로 미성년자는 갬블 게임을 못하게 되어 있다. 실제로도 아이들은 갬블 게임을 그리 재미있어 하지 않는 것 같다. 갬블 게임은 성인들이 중독되는 경우가 종종 있는데, 이 역시 사회적인 문제라 할 수 있다.

아이가 퍼즐이나 퀴즈 게임을 한다고 걱정하는 부모님도 거의 없을 것이다. 이 게임은 두뇌를 제대로 사용하는 몇 안 되는 게임 중 하나 이다. 지금은 아이들에게 인기가 없어 게임 종류가 다양하게 나와 있 지도 않다.

무엇보다 부모님이 걱정하는 게임은, 중독성이 있어서 밤새 아이를 붙들어두거나 그래픽 같은 것이 지나치게 폭력적인 게임일 것이다. 게임 속 주인공이 칼이나 무기를 들고 다니며 휘두르는 알피지 게임 과, 게임 속 인물들이 피를 튀며 쓰러지는 에프피에스 게임은 한번 엿 보기만 해도 눈살을 찌푸리게 한다.

그러나 종류를 불문하고 대부분의 게임은 자극적이고 중독적인 구 성으로 이루어져 있고, 비용 결제를 유도한다. 내가 중독 실험 대상으 로 선택한 축구 게임도 컴퓨터 화면으로만 보았을 때는 넓은 축구장 에서 신나게 공을 차는 내용이라 별다른 해가 없을 것 같았다. 하지만 실제로 게임을 해보니 게임 특유의 중독성은 알피지 게임과 별반 차 이가 없는 것 같았다. 차츰 내 스스로 그 게임을 통제할 수 없었고, 결 국 게임을 더 잘하려고 돈까지 썼다.

이제 부모님들은 자녀들이 즐기는 게임을 살펴보면 그것이 어떤 장 르의 게임인지 파악할 수 있을 것이다. 분명히 더 위험한 요소를 지닌 게임도 있고, 더 중독적인 게임도 있다. 그렇지만 이 지식은 무작정 자녀에게 게임을 못하게 하기 위한 것이 아니라 자녀와 공감대를 형성하기 위한 것임을 잊지 마시라.

게임을 좋아하니까
게임 회사에 취직하면 된다?

게임 회사를 운영할 때, 부모님들이 자녀가 게임만 하려 한다며 해결책을 물어올 때면 나는 입장이 무척 난처했다. 게임 사업을 하는 사람으로서 어찌 듣기 민망하지 않았겠는가? 내가 알고 있는 해결책도 없으니 답변을 못해 드려 답답하기도 했다. 그런데 이보다 더욱 곤란하게 한 것은, 자녀가 다른 것에는 관심 없고 게임만 하려 하니 게임 회사에 취직을 시켜 달라는 요청을 해올 때였다. 다음과 같은 사례가 대표적이었다.

"고 사장, 부탁할 게 있네."

"네, 형님. 말씀하세요. 무슨 일이신가요?"

"내 조카가 하나 있는데, 얘가 게임을 정말 잘하더라고. 날마다 게임만 한대."

"네, 그렇군요. 요즘 젊은 학생들이 대부분 게임을 잘하긴 합니다."

"그래서 부탁인데, 내 조카를 자네 회사에 취직 좀 시켜주면 안 될까?"

"조카가 어떤 일을 할 수 있나요?"

"글쎄, 게임을 워낙 좋아하니까 게임 선수를 하면 좋을 거 같은데. 자네 회사가 게임 선수를 데리고 있는 회사는 아닌 줄 알지만……. 내 조카 말로는 게임 기획 같은 일을 하고 싶다는군."

"네, 알겠습니다. 그럼 저희 회사에 한번 와보라고 하세요."

이런 부탁을 받으면, 일단 게임을 정말 잘하고 좋아한다는 조카를 만나본다. 그런데 이런 젊은이들을 실제로 만나보면 게임 만드는 일은 한 번도 고민해보지 않은 경우가 대부분이다. 게임을 즐기기만 했기 때문에 이제까지 게임 기획자가 되려고 어떤 노력을 했냐고 물어보면 아무 대답을 못한다. 이런 젊은이들은 어떤 다른 분야에도 끈기 있게 노력을 기울인 적이 없다. 수년간 게임에 매달려 게임 캐릭터를 키우는 일에만 관심을 기울인 것이다.

사실 게임 회사에서 일하는 이들 가운데는 게임에 중독된 사람이 거의 없다. 오히려 이들은 게임 이외의 다른 것으로 스트레스를 풀고, 만화나 영화 등 다양한 콘텐츠를 소비한다. 게임이 업무이기 때문에 분석을 위해 게임을 즐길 뿐 게임에 완전히 빠지지는 않는다. 특히 주요 게임 회사의 핵심인력일수록 더욱 그러하다.

그렇다면 게임 회사에는 어떤 사람들이 모여 무슨 일을 할까?

게임 개발은 크게 세 개의 부분으로 구성된다. 먼저 기획자는 게임의 뼈대를 만들고 게임의 재미를 끌어내는 요소 전체를 구성하는 일을 한다. 프로그래머는 게임을 가동하는 기계적인 업무를 담당한다. 끝으로 그래픽 디자이너는 게임을 보기에 멋지게 표현하는 일을 맡는다.

먼저, 게임 기획자에 대해 이야기해보자. 이제껏 내가 만나본 게임 기획자들은 크게 두 부류로 나뉜다. 하나는 굉장히 감성적이고 창의력이 넘치는 우뇌형 기획자들이고, 다른 하나는 수리적이고 이성적인 좌뇌형 기획자들이다. 게임을 만드는 데는 이 두 부류의 기획자들이 모두 필요한데, 한 사람이 두 가지 재주를 모두 갖춘 경우는 매우 드물다.

감성적인 기획자는 창작에 강하다. 다른 사람의 아이디어에서 새로운 아이디어를 만들어내고, 기존의 이야기에서 새로운 이야기를 창조해낸다. 이들과 대화하면 대체로 이런 이야기가 나온다. "요즘 ○○드라마를 보는데, 이야기가 탄탄하고 선악대결이 분명해서 인기를 끌 것 같아요." "○○ 역사 다큐멘터리를 보면서 그 주변 이야기를 상상해봤어요." "일본 애니메이션에서는 느낄 수 없는 것을 미국 애니메이션에서 느꼈어요." "○○게임은 직접 해보니까 이야기 구조가 너무 약해서 재미가 없어요."

감성적인 기획자는 사람의 마음을 자극하는 영화, 드라마, 심지어 다큐멘터리를 보면서도 감동을 잘 받고 인상적인 내용을 잘 짚어낸다. 그러나 이들은 게임업계에서 그리 많이 활약하지 않는다. 앞에서 말한 대로 게임은 특별히 감동을 주는 내용 없이도 만들어지기 때문이다.

감성적인 기획자에 비해 상당히 수리적이고 이성적인 기획자도 있다. 처음에 프로그래머로 일하다 기획자로 전향한 경우도 있고, 원래 성향이 그러한 경우도 있다. 이성적인 기획자는 사물을 분석하고, 숫자로 표현하기를 좋아한다. 사실 겉에서는 보이지 않지만 게임 속에는 수많은 숫자가 숨어 있다. 게임 이용자가 게임 실력을 올리는 것도 모두 숫자로 표시된다. 이성적인 기획자와 대화하면 대체로 이런 이야기가 나온다. "○○게임의 캐릭터들에 비해 이 게임은 캐릭터의 능력이 110% 정도인 것 같아요. 능력치를 하향 조정해야겠어요." "사람의 눈이 우측 상단에서 좌측 하단으로 움직일 확률이 50% 이상으로 꽤 높아요. 첫인상을 좌우할 수도 있으므로 우측 상단의 게임 배경에 신경 써야 해요."

이성적인 기획자는 모든 것을 숫자로 표현하는 데 익숙하고, 그 방면의 능력도 뛰어나다. 이들은 게임을 짜임새 있는 숫자들의 조합으로 여기고, 게임의 시작과 끝은 모두 숫자라고 여긴다. 실제로 게임을 구성하는 대부분의 요소가 숫자로 되어 있음을 감안하면 게임 기획자로서는 감성적인 기획자보다는 이성적인 기획자가 더 적합하다. 실제 게임 회사들에서도 이성적인 기획자가 더 높은 평가와 대우를 받고 있다.

앞에서 말했듯이 게임을 좋아하는 아이들이 게임 기획 업무를 막연히 동경하거나 지망하는 경우가 꽤 있다. 게임 기획자가 되기 위해 하나의 게임에 푹 빠질 필요가 있을까? 게임에 중독된 사람이 게임 기획자로 더 유리할까? 내 대답은 절대로 그렇지 않다는 것이다. 게임 기획자로 적합한 사람은 게임에 빠져 허우적대는 사람이 아니라, 수리에 밝고 감수성이 풍부한 사람이다. 이런 능력을 갖추기 위해 게임을 많이 해야 한다는 말은 들어본 적이 없다. 오히려 수학이나 과학 공부를 많이 하고, 다양한 종류의 책이나 영화, 소설, 만화 등을 보는 것이 게임 기획자가 되는 데 도움이 될 것이다. 게임을 많이 했거나 잘하므로 게임 회사에 들어갈 수 있을 거라는 생각은 현실과 한참 동떨어진 것이다.

이른바 '슈퍼 마리오의 아버지'라고 불리는 미야모토 시게루는 닌텐도 사의 게임 기획 총괄자이다. 그의 말을 들어보면, 게임에 빠져 있는 아이들은 아무것도 할 수 없다는 것이 더 분명해진다. 미야모토 시게루는 만들고 싶은 게임의 아이디어는 경험의 양과 비례한다고 했다. 자신이 만든 닌텐독이라는 게임은 실제로 개를 키우면서 느낀 점을 활용했다고 했다. 또한 미래에는 두뇌를 훈련하거나 영어 실력을 늘려주는 것처럼 실용과 재미라는 두 마리의 토끼를 잡게 하는 게임이 주류를 이룰 것이라고 전망했다. 그의 취미는 게임 하기가 아니라 정원 가꾸기, 개 키우기, 기타 연주이다. 세계적인 게임 기획자는 게임에만 푹 빠져 있는 사람이 아닌 것이다. 다양한 경험과 취미를 가져야 게임 기획도 잘할 수 있다. 미야모토 시게루는 게임이 긍정적인 효과를 발휘하는 생활의 한 분야로 발전할 거라는 믿음과 사명감을 갖고 있다. 우리나라의 많은 게임 회사들이 어떻게 하면 아이들을 중독시키고, 돈을 더 많이 쓰게 할까 고민하는 데 비해 확실히 한 수 위인 것 같다.

둘째, 게임 프로그래머에 대해 이야기해보자. 요즘은 많은 사람이 어렴풋하게나마 컴퓨터 프로그래머가 어떤 일을 하는지 알고 있다. 세계적인 소셜네트워크 기업인 페이스북의 창업자 마크 주커버그도 프로그래머 출신이다. 하버드 대학 시절 프로그래머로서 벌인 악동 짓은 영화 〈소셜 네트워크〉에 잘 표현되어 있다. 프로그래머는 흔히 게임 개발자라고도 불리는데, 게임의 기계적인 틀을 만드는 사람이다. 학교에서 전산학이나 컴퓨터공학을 전공한 사람이 유리하다고 하지만 많은 프로그래머가 독학이나 학원 등을 통해 프로그래밍을 배웠다고 한다. 실제 게임 회사에는 프로그래머 출신이 많다. 엔씨소프트 사의 김택진 사장이 대표적인 경우이다. 그는 서울대 공대를 나와 프로그래머로 유명세를 탄 후 '리니지' 시리즈로 지금의 엔씨소프트 사를 만들었다.

최근에는 게임업계에서 실력 좋은 프로그래머를 만나보기가 어려워졌다고 한다. 예전과 달리 인재들이 공과대학에 들어가지 않아서일 수도 있고, 프로그래머들이 게임업계보다 더 유망하고 이미지가 좋은 직장을 선택해서일 수도 있다. 어찌 되었든 프로그래머가 되려면 많은 노력을 들여 공부해야 하고, 실전 경험도 쌓아야 하므로 게임을 좋아한다고 무작정 프로그래머가 될 수는 없다.

셋째, 그래픽 디자이너에 대해 이야기해보자. 요즘은 제품이든 서비스든 디자인을 가장 중요한 요소로 여긴다. 소비자가 제품을 사용하거나 서비스를 받기 전에 시각적으로 느껴지는 디자인적인 요소에 끌려 구매의사를 결정하기 때문이다. 백화점 상품과는 아무 상관없는 백화점 주차장 안내원의 제복으로 백화점의 첫 인상과 품격을 결정하는 시대이니 말이다. 그리고 아이폰을 내놓은 애플 사에서 만든 각종 기기들을 보면 디자인에 대해 새삼스럽게 생각하게 된다. 그 어떤 기술보다도 디자인이 우월하고 중요하다는 점을 말이다.

이러한 시각으로 보면 게임에서 디자인의 중요성을 아무리 강조해도 지나치지 않을 것이다. 하지만 게임 회사에서 그래픽 디자이너로 일하려면 먼저 치열한 경쟁에서 이겨야 한다. 게임 그래픽 디자이너 지망생이 워낙 많기도 하거니와 현재 각 회사에서 일하고 있는 디자이너도 많기 때문이다. 이렇듯 치열한 경쟁에서 이기려면 당연히 매우 뛰어난 감각을 갖추기 위해 끊임없이 노력해야 한다. 따라서 게임에 푹 빠져 별다른 노력을 하지 않은 이가 게임 그래픽 디자이너로 일할 수 있는 기회는 거의 없다.

게임 회사에서 일하는 대표적인 사람들에 대해 살펴보았는데, 세 가지 영역 가운데 중요하지 않은 이는 아무도 없다. 그러나 이 세 가지 영역 모두 게임에 빠져 있는 젊은이들에는 일할 기회를 주진 않는다. 말 그대로 게임에 빠진 사람은 게임 회사에서도 일을 할 수가 없는 것이다. 만약 마지막 보루로 게임 회사에 취직할 수 있다고 여기는, 게임에 빠진 아이들과 그들의 부모님이 있다면 이 점을 분명히 알아야 한다. 게임에 빠지는 것은, 게임 회사에서 일하는 것과 전혀 관계없는 길이라는 것을 말이다.

게임을 **즐기는 것**과
게임에 **중독되는 것**은 다르다

최근 몇 년 동안, 게임에 빠진 아이가 다시 공부에 매진한 이야기를 담은 책들이 꽤 나왔다. 그 책들에 담긴 이야기는 비슷비슷하다. 게임에 빠져 부모님 속을 썩이던 아이가 어느 날 번쩍 하고 정신을 차려 마음잡고 공부하더니 명문대에 입학할 수 있었다는 이야기, 혹은 게임에 빠져 있던 아이가 그 게임을 영어나 수학 같은 과목에 활용하여 결국 명문대에 합격한 이야기 등등. 게임에 빠졌던 열정을 고스란히 공부에 쏟아 부어 성공했다는 이야기이다. 하지만 누구나 짐작할 수 있듯이 게임에 빠져 있는 아이가 갑자기 공부에 열중하게 될 확률은 매우 낮다. 사실 의지력과 열정으로 현실을 극복한 그 아이들 뒤에는 끊임없이 지켜보고 지지해준 부모님이 있었을 것이다. 그러나 이런 속사정을 따져보지 않고 그런 책을 읽으면 자칫 자녀가 게임 하는 것을 조금 봐줘도 되겠구나 하고 생각하는 부모님도 있을 것이다. 또한 그런 책을 읽다 보면, 게임을 즐기는 것과 게임에 중독되는 것은 큰 차이가 있다고 오해할 수도 있다.

게임을 즐기는 것과 게임에 중독되는 것은 차이가 거의 없다. 게임을 하다보면 즐기는 단계에서 중독되는 단계로 쉽게 옮겨갈 수 있다. 이런 사실은 내 후배 K의 과거 이야기를 통해서도 잘알 수 있을 것이다.

후배 K는 게임을 즐겨했다. 국내 최고의 명문대를 다니는 수재였지만, 게임의 유혹에는 견디지 못한 것 같다. K는 워낙 게임을 좋아해서 대학 친구들과 어울려 스타크래프트 등 여러 게임을 즐겼다고 한다. 주변에서는 K를 게임을 좋아하는 친구 정도로만 알았는데, K는 고학년으로 올라가면서 본격적으로 게임의 세계에 빠져들어 생활이 엉망진창이 되었다. 가까이 지내던 사람들과 연락을 끊고, 학교에도 나가지 않으며 오로지 게임만 하면서 지낸 것이다. 게임을 하는 데 필요한 돈을 마련하려고 잠깐씩 과외 아르바이트를 했을 뿐 나머지는 생활이라고 할 만한 게 없었다. 한번은 길거리에서 우연히 나와 마주쳤는데, 분명히 내 얼굴을 확인했는데도 눈길을 살며시 피하더니 아는 체도 하지 않고 옆으로 슬쩍 지나갔다. 다른 후배에게서 K가 게임에서 헤어나지 못한다는 말을 듣긴 했지만 직접 그런 모습을 보고 나니 아주 당혹스러웠다. 한 후배는 K에 대해 내게 이렇게 말했다.

"형, K가 큰일이에요. 똑똑한 친구인데 안타까워요."
"요즘도 게임에 푹 빠져 있니?"
"네, 저희랑 연락도 거의 안 해요."
"부모님이 걱정을 많이 하시겠구나?"

“네, 그래요. 집안에 그런 사람이 없다며 이상하게 여기시더라고
요.”

“K는 어쩌다 그렇게 게임에 빠진 거니?”

“K가 원래 게임을 좋아하긴 했어요. 예전에도 저희랑 어울려 게임
을 했는데, 저희가 적당히 즐긴 뒤에 자리에서 일어서면 K는 조금만
더 하자고 조르곤 했지요. 그러다가 K는 혼자서 게임을 하게 된 것 같
아요. K가 다른 친구에게 게임을 하면 고민이 없어져서 마음이 편하
다고 했대요.”

“그래서 너희가 뭘 어떻게 할 거니?”

“K를 다시 정상으로 되돌려놓아야죠.”

다행히 가족도 K를 포기하지 않았고, 친구들도 K에게 계속 관심을
두고 있었다. 가족은 K가 아무 일도 하지 않고 게임만 하는데도 크게
나무라지 않았다고 한다. 친구들도 게임 때문에 연락을 끊은 K에게
계속해서 먼저 연락하고 안부를 물었다. 하루는 친구들이 K에게 함께
여행을 가자고 제안했다. 인터넷도 없고 게임도 없는 곳으로 국내 여
행을 떠나자고. K는 크나큰 고민에 빠졌을 것이다. 게임 없는 세상을
상상이나 할 수 있었을까? 친구들은 억지로 따라나선 K에게 진심 어
린 걱정을 보여주었고, 그 자리에서 서로 어린 시절의 꿈에 대해 이야
기했다. 당연히 K도 어렸을 적에 꿈꾸었던 일을 말해주었다. 3일간의
짧은 여행이었지만, 이때 K는 중요한 사실을 깨달았다.

첫째, 게임을 하는 것이 자기 인생에 별로 도움이 안 된다는 사실. 둘째, 자신에게는 진짜 꿈꾸었던 일이 있다는 사실. 셋째, 늘 자신을 걱정하고 신경 써주는 좋은 친구들이 있고, 자신 때문에 그 친구들이 괴로워한다는 사실. 마침내 K는 주위 사람들의 끊임없는 관심과 도움 덕분에 수년간 빠져 허우적대던 게임의 늪에서 탈출했다. 그리고 자신의 능력을 십분 발휘하여 학원 사업을 일으켜 성공을 거두었다. 지금 K는 예전에 게임으로 낭비한 시간이 너무 아쉽고 아깝다고 한다. 그러나 다른 한편으로는 친구들의 우정을 제대로 확인했다며 뿌듯해하기도 했다.

나는 후배 K에게 게임을 즐기는 것과 게임에 중독되는 것의 차이가 무엇인지 물어보았다. 그리고 게임이 우리에게 필요한 것인지, 아니면 악에 가까운 것인지 물어보았다. K가 몇 년 동안 게임에 빠져 헤매다가 친구들의 도움으로 탈출하여 지금은 어엿하게 회사를 꾸려가고 있으므로 진실한 이야기를 들려줄 거라 믿었다. 게임 중독에서 성공적으로 빠져나온 후배 K는 나의 질문에 며칠 고민을 한 끝에 아래와 같이 메일을 보내왔다.

"게임이 청소년이나 성인에게 어떤 영향을 미칠까 하는 문제는 정말로 답하기가 어려워요. 특히 게임이 좋은 것이냐 나쁜 것이냐 판단하는 것도 정말 힘들 것 같고요. …… 가장 기본적으로 사람들이 왜 게임을 할까 하는 문제를 생각해보면 좋을 것 같아요. 저를 포함해 대부분의 사람들은 즐겁기 때문에 게임을 할 것입니다. …… 사실 아주 오래 전부터 사람들은 게임을 해왔지요. 삼국시대 화랑들의 공차기부터 아낙네들의 화살 던지기 놀이, 그리고 지금의 온라인게임에 이르기까지 게임의 역사가 무척 깁니다. 명절 때 즐기는 고스톱이나 윷놀이, 아이들이 좋아하는 숨바꼭질 역시 게임이고요.

게임의 역사를 가만히 살펴보면 인류의 기술이 발달하면서 게임도 더 복잡해지고 더 재미있어지는 것 같아요. 게임이 갈수록 더 발달된 기술로 만들어지고 있고요. 요즘에는 온라인게임을 가장 발달된 기술로 만든 게임이라고 할 수 있을 것 같아요.

여기까지 살펴보면 게임은 사람을 즐겁게 해주는 '좋은 것'입니다. 그러나 문제는 게임이 즐거움을 주는 동시에 사람들의 말초신경을 지나치게 자극한다는 점이겠지요. 말초신경이 자극 받으면 사람들은 더 큰 긴장과 재미를 추구하게 되고, 게임하면서 느끼는 작은 긴장감까지 짜릿하다고 느낍니다. 이게 바로 게임에 중독되어가는 상태일 겁니다.

게임에 중독되면 자신을 통제할 수 없고, 차츰 일상생활에도 영향을 미쳐 결국에는 생활이 망가지는 경우도 있습니다. 바로 이것이 온라인게임의 가장 큰 문제인 것 같아요. 청소년과 성인 모두 게임 중독의 피해자가 될 수 있지만, 특히 정체성이나 세계관이 확립되지 않은 청소년에게는 그 피해가 더욱 크겠지요. 자신의 인생이나 꿈에 대해 고민해보기도 전에 머릿속에 온통 게임 생각이 자리를 잡을 테니까요.

그러나 앞에서 말한 대로 게임이 '좋은 것'의 역할도 한다고 봅니다. 게임을 잘 활용하면 충분히 생활의 활력소가 될 거예요. 하지만 잘 활용한다는 말이 참 애매하지요. 즐거움에서 중독으로 넘어가는 단계에서 강한 절제와 통제력을 발휘하기가 결코 말처럼 쉽지 않을 겁니다. 청소년뿐만 아니라 성인들에게도.

사실 저도 처음에는 즐거움을 쫓아 게임을 시작했는데 저도 모르는 사이에 중독이 되어버렸어요. 청소년의 게임 중독을 막을 방법을 묻는다면, 아예 게임에 접근하지 못하게 하는 것이 가장 쉬운 해결책일 수 있지요. 하지만 요즘은 아이들의 인터넷 접속을 막는 것 자체가 어려울 겁니다. 더군다나 최근에는 스마트폰까지 널리 보급되는 상황이잖아요.

결국 기대할 수 있는 것은, 게임 회사와 게임 개발자의 도덕성입니다. 당연히 게임을 재미있고 흥분되게 만들수록 판매에 성공하고 회사의 이득도 많아지겠지요. 하지만 소비자들에게 미치는 중독이나 부작용 같은 것을 염두에 두고 게임을 만드는 회사가 몇이나 될지 의문이 드네요.

결론적으로 현재 게임의 폐해를 극복할 수 있는 유일한 길은, 게임 회사가 절제 있게 게임을 개발하는 것이라고 생각합니다."

후배 K의 이야기를 이렇게 정리할 수 있을 것 같다.

첫째, 게임을 즐기는 것과 게임에 중독되는 것은 종이 한 장 차이이다. 둘째, 말초신경을 자극하는 재미 때문에 게임에 빠져들 수밖에 없다. 셋째, 지나치게 자극적인 요소는 게임 회사가 처음부터 게임에 포함시키지 말고, 자극의 수준을 조정해야 한다.

뒤집어 생각해보면 애초에 게임에 발을 들여놓은 것부터가 게임 중독의 시작일 수 있다. 그만큼 지금의 게임은 자극적인 요소로 가득 채워져 있어서 짧게 즐기다 빠져나오기가 애초에 불가능하다.

후배 K는 게임 회사의 책임에 대해 언급했지만 실제 게임 회사들이 그런 생각을 하고 있는지는 알 길이 없다. 몇 백억 원을 들여 게임을 제작하거나 회사의 인수합병에 힘을 쏟는 모습은 봐왔지만, 게임 중독을 막거나 올바른 게임 문화를 만드는 데 게임 회사가 돈을 들인다는 이야기는 들어보지 못했다. 게임 회사들의 입장에 대해서는 나중에 자세히 이야기하겠다.

게임 회사에 기대할 것 없이 먼저 부모님들은 '우리 아이에게 게임을 조금은 즐기게 해주자'는 생각을 경계해야 한다. 지금처럼 게임 회사들이 아무 안전장치 없이 게임을 제작하여 서비스하는 상황에서는 게임을 하는 것 자체로 위험을 초래할 수 있다. 만약 아이가 아직 게임을 해본 적이 없다면 앞으로 절대로 시작하지 않도록 해야 한다. 아이가 이미 게임을 하고 있다면 안전하고 부드럽게 게임 수렁에서 구출해내야 한다.

게임 산업과 청소년 보호 무엇이 우선인가   《매일경제》 2011년 3월 3일

우리나라 9~19세 사이 청소년 인구의 12.4%가 인터넷 중독자로 5.8%인 성인보다 중독률이 두 배나 높다는 정부 조사 결과가 어제 발표됐다. 초·중·고교생 중독자가 무려 79만 2천 명에 달한다니 이만저만 심각한 문제가 아니다. 인터넷 중독은 정보검색·도박·음란물 중독 등을 포함하지만 게임 중독이 대부분이다.

한국정보화진흥원이 운영하는 인터넷중독예방상담센터를 찾는 인터넷 중독자의 70~80%가 게임 중독자라고 한다. (중략) 정부도 게임 중독의 심각성을 인식하고 청소년들이 밤 12시~오전 6시 사이는 온라인게임에 접속하지 못하게 하는 이른바 셧다운제 도입을 골자로 한 청소년보호법 개정안을 국회 법사위에 상정해놓고 있다. 그러나 게임 산업에 미칠 악영향을 줄이려 규제 대상 연령을 애초 여성가족부가 주장한 19세 미만에서 16세로 낮출 가능성이 크다고 한다. 대학생도 게임 중독이 심각해 19세도 부족할 판에 16세로 낮추는 것은 말이 안 된다. 도리어 20~22세로 높여야 한다. (하략)

청소년 인터넷 중독률 성인 2배, 저소득·위기가정일수록 더 심해

《한국일보》 2011년 3월 3일

청소년이 성인보다 인터넷에 중독될 확률이 두 배 이상 높고, 부모와의 애착관계가 불안정한 청소년일수록 인터넷 등에 쉽게 중독되는 것으로 나타났다. (중략) 만 9세부터 30세까지의 전체 인구(2,191만 8,000명)로 추산해보면 약 174만 3,000명이 인터넷에 중독된 셈이다. 특히, 연령대가 낮을수록 중독률이 높은 것으로 조사됐다. 30대의 경우 4%에 그쳤지만, 20대는 8%로 높아졌고, 고등학생 10%, 중학생 12.2%, 초등학생은 13.37%로 나이에 따른 중독률 차이가 현격했다. 청소년의 게임 중독을 막기 위해 심야 시간(자정~오전6시)에 온라인게임을 차단하는 셧다운제 도입의 필요성이 제기된 이유다.

인터넷 중독률은 가정환경에 따라서도 큰 차이를 보였다. 가구소득이 월 100만~200만 원인 가족 구성원의 인터넷 중독률이 11.9%로 소득 500만 원 이상인 가구의 중독률(6.6%)보다 두 배 가까이 높았고, 다문화가정 자녀의 중독률(37.6%)은 일반가정 자녀(12.3%)의 세 배를 넘었다. 특히, 한부모가정 자녀의 고위험군(중독자 중 치료가 필요한 집단)은 7.3%로 양부모가정 자녀(3%)의 두 배를 웃돌았다. (하략)

부모님들 가운데에는 자녀가 이미 게임에 중독되지 않았을까 의심

하는 분도 있을 것이다. 그렇다면 자녀가 스스로 게임을 통제할 수 있는지 아닌지를 어떻게 판단하면 좋을까?

많은 부모님은 자녀가 게임 때문에 '공부'를 하지 않는다고 걱정한다. 게임 때문에 빼앗기는 것이 독서나 운동, 혹은 친구를 만나는 것이 아닌 '공부'라며 걱정한다. 여기서부터 부모님들은 생각을 고쳐야 할 것이다. 아이들은 공부하는 기계가 아니다. 하루 24시간을 공부에 쏟을 수도 없고, 깨어 있는 시간 내내 공부만 하고 있을 수는 없다. 분명히 재충전을 할 여가가 있어야 하고, 여가 중에는 운동을 하거나 책을 읽고 친구도 만나야 한다. 지금 문제 삼아야 할 것은, 아이들이 꿀처럼 달콤한 그 여가 시간에 오로지 게임만 할 경우이다.

여기서 자녀가 게임 중독인지 아닌지를 판단하는 기준을 세울 수 있다. 바로 여가 시간의 대부분을 게임으로 소비하고 있느냐 여부이다. 그보다 더 확실한 기준을 들라면, 자녀가 아침에 일어나자마자 게임을 하고, 밥을 먹자마자 게임을 하고, 어디에 가든 바로 컴퓨터에 접속해서 게임을 한다면 게임 중독이 확실하다. 이런 행동은 부모님들이 옆에서 관심 있게 지켜보면 금방 알 수 있다. 이런 행동을 보이는 아이는 스스로 게임을 통제하지 못한다. 언제나 게임이 하고 싶어 견딜 수 없고, 머릿속에서 게임 생각이 떠나지 않는다면 게임 중독이라고 할 수 있다.

또 다른 기준은 자녀의 돈 씀씀이가 알게 모르게 커졌느냐는 것이다. 보통 아이들이 쓰는 용돈의 두 배 이상을 게임에 쓰고 있다면, 그 아이는 이미 게임에 많이 빠진 상태이다. 심지어 게임에 수십만 원이나 수백만 원까지 쓰는 아이라면 게임 중독으로 인해 죄의식마저 없어진 상태라고 볼 수 있다.

참고 기사

초등생 하루 평균 2~3시간 게임한다 〈연합뉴스〉 2007년 5월 4일

서울과 경기지역 초등학교 3학년 이상의 어린이 996명을 대상으로 설문조사를 실시한 결과 677명(68%)이 '하루 한 시간 이상 게임을 한다'고 답했다. 응답자들이 게임을 하는 시간은 하루 평균 2~3시간으로 최고 7시간 동안 게임을 한다는 답변도 나왔다. (중략) 그러나 부모님이 게임 이용을 제한한다는 응답은 19%에 불과했고 '전혀 제한하지 않는다'는 응답도 45%에 달해 게임에 대한 가정 지도가 부족한 것으로 조사됐다. (하략)

자녀가 게임 중독인지 판단할 수 있는 세 가지 증상을 다시 정리해 보면 다음과 같다. 첫째, 여가 시간에 게임 이외에 다른 것은 전혀 하지 않는다. 심지어 텔레비전이나 만화책도 보려 하지 않는다. 둘째, 게임이 머릿속에서 떠나지 않아 어디에 가든 게임을 하려 애쓴다. 셋째, 돈 씀씀이가 커진다. 게임 이외에 돈을 쓸 일이 많지 않은 아이들에게는 이 증상도 게임 중독의 증거가 될 수 있다.

조금 더 자세한 게임 중독 진단표는 이 책의 맨 뒤(217쪽 참조)에 실어놓았다. 한국정보화진흥원(NIA, http://www.iapc.or.kr)에서 만든 조사 양식이다. 아동과 청소년을 따로 나누어 진단할 수 있다. '아동 게임 중독 진단'은 만 9~12세가 대상이며, 자기 보고용 혹은 아동 대상 관찰자용 검사이다. 진단 결과 고위험 사용자, 잠재적 위험 사용자, 일반 사용자로 나뉜다. '청소년 게임 중독 진단'은 만 13~18세가 대상이다. 자기 보고용 검사로 진단 결과 고위험 사용자, 잠재적 위험 사용자, 일반 사용자로 분류된다.

게임에 쉽게 빠지는 아이들을 살펴보면 일반적으로 몇 가지 중요한 성격상의 특징이 있다. 먼저 이 아이들은 승부욕이 강한 편이다. 주로 남성이 승부에 집착하는 성격이어서 여성에 비해 남성이 게임에 쉽게 노출되고 빠져든다. 그리고 이 아이들은 친구들과 어울리는 것을 부담스러워하는 성격일 경우가 많다. 끝으로, 수집욕이 강한 경우가 많다. 꼼꼼하게 뭔가를 모으기 좋아하는 사람들이 수집욕이 강한 편인데, 이것은 게임을 하며 실력을 쌓는 것과 일맥상통한다. 어떻게 보면 이런 성격들은 긍정적인 면이 많다. 이런 성격이 발전적으로 발현되면 길고 지루한 과학 실험에서 획기적인 성과를 얻을 수도 있고, 재산을 빈틈없이 모을 수도 있을 것이다. 만약 자녀 가운데 이런 성격이 강한 아이가 있다면 조금 더 세심하게 자녀의 게임 생활을 지켜봐야 할 것이다.

사실 게임 중독은 성인들도 극복하기 어렵다. 나 역시 축구 게임을 하면서 난생처음 중독 증상을 겪었다. 축구 게임을 하루 이틀만 하지 않아도 마음이 불안해졌다. 주위에서도 이와 비슷한 증상을 겪는 사람을 여럿 보았다. 어느 외국계 회사에 다니는 지인도 겉으로는 멀쩡해 보이지만 열렬한 게임광이었다. 게임을 하려고 가끔 점심식사를 거르고, 저녁 식간에는 사람들과 모임 약속도 하지 않았다. 그 사람의 사회생활 일부를 게임이 잠식한 것이다. 또 어떤 분은 칠순의 나이에 사위에게 어렵게 온라인 고스톱 게임을 배웠는데, 여기에 푹 빠져 부인과 늘 다툰다고 했다. 이 분은 밤새 고스톱을 치다가 잠이 들어서 아침에 눈을 뜨고 보니 그때까지도 마우스를 손에 꼭 쥐고 있었다고 한다. 이처럼 우리 주위에는 잠깐 즐기려고 게임을 시작했다가 영원히 하게 된 사람들이 많이 있다. 성인들이 이런 상황인데, 절제력이 부족한 아이들이 게임에 중독되기가 얼마나 쉽겠는가?

게임을 즐기는 단계에서 중독 단계로 넘어가는 것은 한순간이다. 앞에서 말한 후배 K는 '자신도 모르고 주위 사람도 모르는 사이'에 게임에 중독될 수 있다고 했다. 따라서 자녀 가운데 유난히 게임을 즐기는 아이가 있다면 게임 중독의 위험이 도사리고 있음을 잊지 마시라. 그리고 아이를 게임으로부터 멀리 떼어놓기 위해 최선의 노력을 다해야 한다.

게임 **대신에 할 것**은,
공부가 아닌 **다른 놀이!**

자, 그렇다면 아이가 게임이 아닌 다른 것에 흥미를 붙이게 하려면 어떻게 해야 할까? 이제부터 본격적으로 아이를 게임에서 떼어놓을 방법과 과정에 대해 이야기해보자. 먼저 게임에 빠져 있는 아이를 구출하려는 부모님들은 다음 세 가지를 꼭 지켜주시라.

첫째, 자녀에게 절대로 '게임 하지 마'라고 말하지 말자.

둘째, 절대로 '게임 하지 말고 공부해'라고 말하지 말자.

셋째, 게임 대신에 다른 여가활동을 즐길 수 있게 도와주자.

아이들 입장이 되어 찬찬히 생각해보자. 부모님들 가운데 철없던 어린 시절에 집에 오락실 기기가 있었으면 하고 꿈꿔본 이가 있을까? 지금 상황은 집집마다 그 오락실 기기가 몇 대씩 놓여 있는 것과 같다. 여기에 대부분의 게임을 처음에는 무료로 사용할 수 있으므로 아이들이 더욱 쉽게 게임에 접근한다. 물론 나중에는 게임을 할수록 점점 더 많은 돈을 쓰게 되지만. 게다가 너무도 재미있고 자극적인 게임들이 끝없이 쏟아져 나오고 있는 상황에 달리 마땅한 오락거리가 없는 아이라면 어떡하겠는가? 친구들이 모두 학원에 다니느라 밖에서는 만나 놀 수 없지만 게임 세상에 들어가면 만날 수 있으니 게임을 하는 것 외에 달리 선택의 여지가 없지 않을까? 이런 현실에서 게임을 하지 말고 그 시간에 공부를 하라고 하면, 아이는 이를 형벌처럼 느끼지 않을까?

앞에서 자녀의 게임 중독을 막으려면 부모님들이 자녀와 함께 게임을 해보는 것이 가장 좋다고 제안했다. 직접 게임을 하기 어렵다면 게임에 대한 정보와 지식을 익혀서 자녀와 진솔한 대화를 해보는 것도 좋은 방법이다. 그렇게 해서 아이의 마음이 어느 정도 열릴 때에야 게임의 수렁에서 아이를 데려 나올 기회가 생긴다. 앞에서 말한 내 선배가 한 것처럼 적절한 기회를 잡는 것이 중요하다. 그 선배는 게임을 함께 해서 아이들 마음을 사로잡고, 애정과 신뢰를 바탕으로 아이들에게 여러 가지 새로운 게임들을 해보게 해서 한 가지 게임에 푹 빠지지 못하게 한 뒤 학습 만화책으로 관심을 돌리는 데 성공했다.

이제 자녀와 함께 게임을 화제로 삼아 대화할 수 있고, 자녀와 공감대가 형성되었다면 본격적으로 게임으로부터 아이를 떼어놓을 차례가 되었다. 먼저 명심할 것은, 게임은 어디까지나 여가 시간을 활용하는 방법 가운데 하나라는 것이다. 게임을 즐기는 자녀에 대해 '괘씸하다'거나 '한심하다'거나 '뭐가 되려고 저러는지 모르겠다' 같은 생각은 안 했으면 좋겠다. 순전히 아이의 여가활동과 취미생활에 대해서만 고민하시라.

조금 더 쉽게 이야기해보자. 게임을 즐기는 아이는 지금 '담배에 중독된 아버지'와 같은 상황에 놓여 있다. 담배는 끊기가 무척 어렵지만, 몸에 해로우므로 끊어야 한다. 당장은 별다른 증상이 없을지라도 장기간 흡연하면 치명적인 상태에 이를 수도 있다. 이때 '담배에 중독된 아버지' 입장에서는 무조건 담배를 끊으라고 하면 무척 답답해진다. 결국 대용품을 마련해주어야 하는데, 훌륭한 대용품일수록 더 빨리 담배를 끊게 할 것이다. 물론 사람마다 효과를 보는 대용품이 다르다. 은단이 통하는 사람도 있고, 껌이 통하는 사람도 있다. 특이하게 돈을 준다고 하면 재빨리 담배를 끊는 사람도 있을 것이다. 중요한 것은 당사자에게 꼭 맞는 대용품을 빨리 찾아주어서 서둘러 담배를 끊게 하는 것이다.

게임을 즐기는 아이들에게도 이런 훌륭한 대용품이 필요하다. 다시 한번 언급하건대, 대용품을 마련하기 전에 부모님들이 직접 게임을 해보거나 게임에 대해 아이들과 대화하여 분명히 공감대를 이루어야 한다. 지금부터는 본격적으로 우리 아이를 게임의 수렁에서 건져낼 방법에 대해 알아보자.

1) 부모님과 아이의 애정관계가 강한 경우

첫째, 아이의 심리를 파악하여 결단을 유도한다.

애초에 부모님과 자녀의 관계가 돈독하면 해결방법이 비교적 쉽다. 내 선배 J는 평소 아이와 친구처럼 모든 것을 털어놓고 지냈다. 그런데 아이가 초등학교 고학년이 되면서 게임을 시작했다. 선배 J는 속상했지만 당장은 야단을 치거나 게임에 대해 이러쿵저러쿵 말하지 않고 대신에 내게 연락을 해왔다. 나는 선배에게 당분간 지켜보기만 하라고 조언했다. 선배와 아이 사이를 잘 알기에 그것만으로도 큰 효과가 있을 거라 생각했다. 다만 아이에게 게임 시간을 정확히 정해주라고 했다. 아이도 자신을 지켜보기만 하는 아버지를 유심히 관찰했을 것이다.

처음에 선배는 아이에게 토요일과 일요일에만 게임을 허용하고, 시간도 하루 두 시간씩으로 정해주었다. 아이는 가끔 이 약속을 어겼다. 하지만 선배는 별말 없이 게임을 즐기는 아이 뒤에서 따뜻한 눈길로 지켜보기만 했다. 두 달이 지났을 때, 선배는 아이에게 게임에 대해 궁금한 것들을 물어보았다. 내내 어깨너머로 지켜보았으므로 궁금한 게 많았다. 아이는 선배의 물음에 하나씩 설명해주었다. 선배는 아이의 이야기를 모두 듣고 나서 내게서 들은 게임의 해악에 대해 말해주었다. 그러고는 아이에게 '너는 결단력이 강한 아이야'라는 칭찬을 덧붙였다. 놀랍게도 몇 주 뒤 아이는 게임을 완전히 그만두었다. 몇 개월을 참고 기다린 선배의 칭찬 한 마디가 아이를 게임에서 떼어놓은 것이다.

둘째, 아이와 함께 테마 여행을 간다.

이것은 부모님과 아이가 함께 하는 시간을 늘리는 방법이다. 아이들이 게임에 빠지는 것은 게임이 정말로 재미있어서이기도 하지만 사실 다른 여가활동이 없어서일 경우가 많다. 자녀가 게임에 빠져 보내는 시간이 아깝게 여겨진다면 과감히 여행 계획을 세워보자. 평소에 하던 여행과 달리 재미있는 테마를 정해서 떠나보자. 이를테면 삼국시대나 고려시대, 조선시대의 역사 만화책을 펴놓고 역사적 사건들을 추적해가는 '우리집 문화유적답사기'를 기획해보면 어떨까? 아이와 함께 전국으로 맛집 기행을 떠나보는 것도 좋을 것이다. 전라남도에서 선정한 민박집 100곳이 소개된 사이트 남도민박(http://www.namdominbak.go.kr/)을 이용하면 남도의 음식과 정취를 느낄 좋은 기회가 될 것이다. 또한 한국철도공사 코레일에서는 딸기 체험, 소싸움 체험 등이 포함된 '부산발 기차여행' 같은 다양한 여행상품을 내놓고 있다. 여행 기록은 남겨서 아이와 함께 꼼꼼히 정리해보자. 가족여행에 정성을 들인 만큼 아이들도 분명히 재미있어 할 것이다. 여행은 아이에게 마음을 살찌우고, 평생을 간직할 소중한 추억을 만들어주는 일이다. 떠나기 전에는 가족이 모여 여행의 테마와 목표를 정하고, 돌아와서는 목표를 제대로 달성했는지 이야기하고 여행을 정리하는 일을 생활화하면 아이가 다시는 게임을 하려 들지 않을 것이다.

2) 아이가 야외활동을 좋아하는 경우

첫째, 친구들과 함께 여러 구기 종목을 즐기게 해주자.

게임으로 하는 축구나 야구보다는 실제로 하는 진짜 축구나 야구가 훨씬 재미있다. 아이들이 구기 종목을 즐기기에 가장 좋은 방법은, 예전처럼 동네 친구들끼리 삼삼오오 모여 해가 질 때까지 함께하는 것이다. 하지만 요즘은 아이들 환경이 여의치 못하다. 대신에 사교육 업체처럼 각종 운동을 가르쳐주고 시합도 준비해주는 단체가 꽤 있으므로 그런 곳을 이용하는 게 좋을 것 같다. 또한 아파트나 주민센터 같은 곳에서 운영하는 운동 커뮤니타나 동호회를 활용해도 좋다. 사실 운동을 전문적으로 배울 기회가 있다면 더욱 좋다. 야구든 축구든 즐기는 방법을 제대로 배우면 훨씬 더 재미있게 느껴질 것이다. 구기 종목을 즐기는 아이들은 친구들과 몸으로 직접 부딪치면서 커뮤니케이션 능력도 기르고, 위기 대처 능력도 기를 수 있다. 그러므로 야외활동을 좋아하는 아이들에게는 이런 운동이 잘 어울리고 실제로 재미를 줄 것이다.

SK유소년 야구클럽은 2010년에 발족되었다. 평일반과 주말반이 있고, 저학년부(초등 1~3학년)와 고학년부(초등 4~6학년)로 나눠 운영하고 있다. 야구를 제대로 배우고 싶은 어린이에게 좋은 기회가 될 것이다. 한국야구교육원(http://cafe.naver.com/KOBBA/)은 국내 최대의 어린이 야구단으로, 서울 곳곳에 주말 어린이야구단 블루엔젤스 팀을 운영하고 있다. 집에서 가까운 곳으로 찾아가면 편하게 야구를 배울 수 있다. 대상은 초1~중1이며, 교육기간은 3개월이다.

둘째, 경기장에 가서 좋아하는 팀을 응원하게 해주자.

아이가 좋아하는 팀이 있다면, 친구끼리든 가족이 함께 가든 경기장에 직접 갈 수 있게 해주자. 좋아하는 프로야구 구단이 있다면 그 팀의 경기를 보면서 각 선수들의 기록 하나하나에 열광하게 해주자. 아이는 야구를 관람하는 것 자체로 충분히 스트레스를 풀 것이다. 게다가 자신이 응원하는 팀을 분석해보면 예측능력도 생기고, 각 선수들의 기록을 열심히 살펴보면 수리적 감각도 생긴다. 특히 요즘은 프로야구가 큰 인기를 누리고 있으므로 아이에게 게임 대신에 야구의 매력을 느끼게 해주고, 평생토록 응원할 야구단을 만들어주는 것도 좋을 것이다. 부모님이 좋아하는 야구단이 있다면, 공통의 관심사를 두고 아이와 즐거운 대화도 할 수 있을 것이다. 다만 아이가 텔레비전으로 프로야구를 보는 것만큼은 자제하게 해야 한다. 역시 텔레비전으로만 야구를 즐기는 것은 좋은 취미가 아니니까.

셋째, 멋진 사진작가가 될 수 있게 도와주자.

야외활동을 좋아하는 아이라면 카메라를 들려주어 밖을 돌아다니면서 사진을 직접 찍어보게 해주자. 집에 있는 카메라를 주어도 좋고, 여력이 되면 적당한 가격의 카메라를 따로 사주어도 좋을 것이다. 아이에게 사진으로 찍을 수 있는 피사체가 다양하다는 것을 알려주고, 기록의 소중함을 일깨워주자. 아이가 사진 찍기를 좋아하면 이곳저곳 다니면서 멋진 피사체를 발견하고 사진에 담아낼 것이다. 사진을 찍으면서 피사체를 탐색하고 사진 구도를 고민하는 습관이 생긴다면 이는 나중까지 아이에게 영향을 미칠 것이다. 공부할 때 전체를 살펴보는 시야가 생길 수 있고, 사업을 할 때 공략 대상을 정확히 파악할 수 있을지 모른다.

3) 아이가 실내활동을 좋아하는 경우

첫째, 보드게임에 푹 빠지게 해주자.

보드게임은 이른바 말판 놀이 식의 게임을 뜻한다. 우리가 어렸을 때는 주로 블루마블 같은 보드게임을 즐겼다. 보드게임은 재미있을 뿐 아니라 배우는 점도 많다. 보드게임을 하면 판단력이 좋아지고, 리스크 관리에 대해서도 배울 수 있다. 온라인게임과 같은 '게임'이라 불리지만, 보드게임은 끝이 있기 때문에 중독성이 없고, 여러 사람이 어울려 하는 놀이이므로 대인관계에도 도움이 된다. 온라인게임과는 달리 아이들에게 정말로 유익해서 추천할 만한 게임이다.

가장 추천하고 싶은 것은 모노폴리라는 보드게임이다. 모노폴리는 우리 세대가 어렸을 적에 큰 인기를 끈 블루마블의 원조라 보면 된다. 부동산 투자를 주제로 한 경제 게임의 고전이라 할 수 있다. 모노폴리는, 주사위 두 개를 굴려 나온 숫자의 합만큼 전진하고, 그 칸의 땅을 사서 건물을 지어 임대 수익을 올리는 게임이다. 1935년에 처음 만들어져 지금까지 세계 100여 국가에서 2억 개 이상 판매되었으니 그 인기와 재미가 수십 년 넘게 입증된 셈이다. 최근에는 몇몇 청소년 경제 캠프에서 교재로도 이용한다고 한다. 두 사람만 있어도 즐길 수 있고, 최대 여섯 명까지 함께 즐길 수 있다.

둘째, 다양한 만화책을 골라주자.

아이가 관심을 보이는 분야의 만화책을 골라주자. 아이가 역사를 좋아하면 역사 만화책이 좋고, 과학을 좋아하면 과학 만화책이 좋다. 추리 만화도 좋고, 코믹 만화도 좋다. 매우 자극적인 폭력물이나 성인물 이외에 대부분의 만화는 아이들에게 재미와 상상력과 꿈을 안겨주고, 더 나아가 지식을 넓혀주기도 한다. 만화책은 게임의 대용품으로 아주 훌륭하다. 무엇보다 만화책은 아이들에게 거부감이 거의 없다. 또한 중독성이 거의 없다. 같은 만화를 반복해서 보는 아이는 많지 않다. 물론 한 가지 만화책을 수십 번 보더라도 아무 문제도 생기지 않는다. 다만 굳이 학습만화만을 추천할 필요는 없다. 학습이라는 단어 때문에 아이에게 거부감을 불러일으킬 수 있으므로. 어떤 만화책을 골라줄지 어려움을 느끼면 우선 스테디셀러나 베스트셀러 목록을 살펴보기를 권한다.

셋째, 망원경으로 별을 관찰하게 해주자.

대체로 아이들은 별이나 지구, 우주 같은 것에 관심이 많으므로 별을 직접 관찰할 기회를 마련해주면 좋다. 관찰 그 자체만으로 아이들은 즐거움을 느낄 것이고 더 나아가 자신의 존재에 대한 근원적인 고민까지 해보게 될지 모른다. 처음에는 각종 천문대를 방문해보는 것이 좋고, 그 다음에는 집 근처에서 망원경으로 하늘을 관측하면 될 것이다. 이때 별과 우주에 관한 책들도 함께 읽으면 금상첨화일 듯하다. 성격이 내성적이고 야외활동을 싫어하는 아이들에게 적극 추천하고 싶은 취미활동이다.

먼저 아이에게 망원경을 사주기에 앞서 하늘을 관측하는 재미를 느끼게 해주려면 하늘을 제대로 볼 수 있는 기회를 마련해주어야 한다. 서울특별시과학전시관(www.ssp.re.kr)에서 진행하는 '가족천문교실' 같은 행사에 참여하면 도움이 될 것이다. 천체 망원경 조립 및 작동, 태양의 흑점 및 홍염 관측, 달, 행성, 별, 성운, 성단 관측 등을 직접 해볼 수 있다. 초등 4학년 이상이면 가족과 함께 누구나 참여할 수 있다.

더 **적극적**으로 **개입**해야 할 때도 있다

이제까지 말한 방법대로 따라했는데도 아이가 게임을 계속 하는 경우가 분명히 있다. 부모님의 접근 방법이 서투르거나 너무 급했을 수도 있고, 아이가 워낙 게임에 빠져 있는 상황일 수도 있다. 이때에도 해결 방법이 있다.

먼저 부모님이 다시 한번 아이와 게임에 대해 공감대를 형성해야 한다. 그리고 이제는 적당한 통제가 필요하다.

사실 부모님이 아이의 관심사를 정확히 파악하지 못해서 이런 상황이 찾아올 수 있다. 하지만 여러 가지 대안을 제시해주었는데도 아이가 게임에 빠져 허우적댄다면 이제 방법을 바꾸어야 한다. 먼저 아이가 게임을 하는 것에 조금 더 관여해야 한다. 물론 아이가 굉장히 싫어할 것이다. 자신만의 세계를 침범 당한다고 여길 수도 있고, 귀찮아 할 수도 있다. 하지만 지금은 아이의 정신, 신체적 발달과 활동에 문제가 생긴 게 분명하므로 더 이상 방치하면 안 된다. 그렇더라도 '게임 하지 말고 공부해라'나 '그깟 게임은 왜 하니?' 같은 감정적인 말은 절대 삼가야 한다.

1) 게임을 하는 아이가 감정을 조절할 수 있도록 도와주자

아이가 게임이 삶의 전부인 것처럼 완전히 게임에 빠져들게 하면 안 된다. 게임은 어디까지나 여가활동이므로 재미와 즐거움이 첫번째 목표이다. 승리와 경쟁은 결코 게임의 목표가 아니다. 게임을 하는 아이에게 이 점을 분명히 가르쳐주고 심어주어야 한다. 게임에 열중하고 있는 아이 뒤로 가서 목이나 팔을 살짝 잡아보시라. 근육이 상당히 경직되어 있을 것이다. 머리는 매우 뜨겁게 달아올라 있을 것이다. 맥박을 재면 평소보다 빠른 속도로 뛸 것이다. 이것은 아이가 게임에 완전히 빠져 있다는 증거이다. 이때 아이의 심정이 어떠한지 질문을 던져보자. 다음과 같은 대화가 가능할 것이다.

"게임에서 지면 기분이 어떠니?"

"네, 분해요. 기분이 아주 나빠요."

"기분이 많이 나쁘구나."

"어떨 때는 상대방이 내 게임 실력을 비웃을 때가 있어요. 그러면 정말 열 받아요."

"그럴 때 너는 어떻게 하니?"

"그럼 완전히 흥분돼요. 도저히 화를 참을 수 없으니까 또다시 게임을 해야 해요."

상황이 이러하면 아이가 게임하는 시간은 점점 길어지고, 즐거우려고 게임을 하면서도 마음의 여유가 없어진다. 게임을 하는 것은, 놀이 동산에서 신나는 놀이기구를 타는 것과 같아야 한다. 놀이기구도 때로는 무섭게 느껴지지만 결국 타고 나면 재미있다고 느낀다. 누구도 놀이기구를 타면서 그 때문에 스트레스를 받지는 않을 것이다. (놀이기구는 짧은 시간만 작동하기 때문에 스트레스를 받지 않을 수 있다. 놀이기구를 몇 시간 내내 탄다면 나중에는 상당한 스트레스를 받을 것이다. 게임도 마찬가지로 짧게 하면 재미있게 즐길 수 있다. 3분이면 적당하고 길어야 20분이면 된다. 하지만 게임을 이렇게 짧게 하는 게 가능할까? 이것이 즐거움이 목표인 게임이 안고 있는 딜레마이다. 게임은 결국 즐거움을 주지 못하고 스트레스만 잔뜩 안겨준다.) 또한 누구도 놀이기구가 무서워지지 않을 때까지 계속 도전하지도 않을 것이다. 누구도 놀이기구를 상대로 꼭 이기겠다고 의지를 다지지도 않을 것이다. 또한 남들이 뭐라 하든 내가 놀이기구를 탈 때 무서우면 그냥 무섭다고 말할 것이다. 그러나 놀이기구는 시간 제한이 있어서 아무리 더 타고 싶다 해도 때가 되면 내려야 한다. 이런 것들을 게임에 빠진 아이에게 적용해보면 어떨까?

즉 게임의 수렁에서 여전히 허우적대고 있는 아이에게 이런 이야기부터 들려주자. "게임은 무조건 즐기는 것이다. 게임은 이기기 위한 게 아니라 즐기기 위한 것이다. 성숙하지 않은 상대방이 어떻게 반응하든, 무슨 말을 하든 절대 신경 쓰지 마라."

게임을 끊지 못한 아이 때문에 괴로운데, 그 아이에게 부채질까지 해주라는 것 아니냐고? 부모님의 마음은 당연히 불안할 것이다. 하지만 이런 이야기를 해주고 나서 아이에게서 솔직한 대답을 들을 수 있다면 절반은 성공한 것이다. 차츰 아이는 게임에 대한 집착을 버리고, 오히려 냉정을 되찾아 정상적인 상태로 돌아올 가능성이 크다.

2) 게임 세상에서도 돈을 계획적으로 쓸 수 있도록 도와주자

실제 생활에서도 아이들이 돈을 계획적으로 쓰기는 쉽지 않다. 하물며 가상세계인 게임 속에서는 오죽하겠는가. 돈이 제 손에서 나가는 모습이 보이지 않으므로 게임 아이템을 구입하는 데 아무 망설임이 없을 수도 있다. 특히 게임 비용 결제가 주로 휴대전화나 집 전화를 통해 이루어지므로 부모님도 모르는 사이에 게임 회사로 돈이 꼬박꼬박 넘어가고 있을지도 모른다. 이 문제는 다음과 같은 방법으로 해결해 보면 어떨까?

- 아이에게 어떤 게임을 하고 있느냐고 주의 깊게 물어보자. 게임 제목만 묻지 말고 가급적 그 게임의 내용이 어떤지, 같은 반 친구 가운데 누가 같은 게임을 하는지 자세히 물어보자.
- 그 게임을 하는 데 돈을 얼마나 쓰는지 물어보자. 야단치는 느낌 대신에 아이를 충분히 이해한다는 표정으로 물어보자. 아이가 솔직히 대답할 때까지 물어야 하고, 아이가 여러 개의 게임을 즐기고 있다면 그 각각의 게임에 돈을 얼마나 쓰는지 물어보자.

● 아이가 주로 어떤 수단을 통해 돈을 결제하는지 물어보자. 부모님 휴대전화나 집 전화, 혹은 부모님 신용카드를 슬쩍 꺼내 결제했다 하더라도 이제까지의 일은 묻어주기로 약속하고 물어보자. 그래야 아이의 돈 씀씀이에 계획을 세울 수 있다.

● 여기까지 모두 파악되었다면, 이제 아이에게 한 달 예산과 결제수단을 정해준다. 보통 아이들이 한 달 동안 한 가지 게임에 쓰는 비용이 3천 원~1만 원이고, 많이 쓰는 아이들은 10만 원 이상을 쓴다고 한다. 이를 참고하여 가능하면 게임에 들어가는 모든 비용을 1만 원 이하로 정해준다. 그리고 결제수단은 집 전화나 부모님 휴대전화 가운데 하나만 쓰라고 한다.

이렇게 하고 나면 아이는 정해진 금액을 고려하면서 게임을 계획적으로 즐길 것이다. 이렇게 예산을 정해주는 것은 게임을 즐길 자유를 제한하기 위해서이다. 아이는 자유를 마냥 허락 받으면 방종에 빠질 위험이 있지만, 이렇게 부모님과 합의하여 예산을 정하고 나면 이를 어길 생각은 좀처럼 하지 못한다. 그리하면 자연스레 게임을 즐기는 시간도 줄어들 것이다.

3) 아이가 게임 일기를 꼭 쓰도록 도와주자

아이에게 즐기고 있는 게임에 대해 그날의 느낌 같은 것을 써보라고 하자. 하지만 이것은 말처럼 쉬운 일이 아니다. 아이가 어렵게 마음을 먹고 게임 일기를 쓰기 시작했다면 부모님은 일기 내용에 관여하지 말고 일종의 지침서로만 삼자. 게임 일기에 특별한 형식은 없다. 게임을 하는 사이에 일어난 일들과, 게임을 즐긴 시간을 적게 하자. 내용은 아주 간단해도 좋다. 단 두 줄만 써도 좋다. 아이가 게임 일기를 쓴다면 머지않아 몇 가지 변화가 생길 것이다. 먼저 아이 스스로 게임을 즐기는 것 자체를 시간 낭비라고 느낄 것이다. 그리고 게임을 하면서 느낀 점을 일기에 쓰다 보면 차츰 게임을 하는 중간에 느끼는 자신의 감정을 조절할 수 있을 것이다. 게임에 돈을 무절제하게 썼다면 이것도 반성하고 앞으로는 합리적인 소비를 하겠다고 스스로 다짐할 것이다.

자녀의 게임 문제로 오랫동안 고민했던 어떤 분이 이 방법을 실제로 사용하여 효과를 거두었다. 그 분은 아이에게 날마다 일기를 쓰고 나서 마지막에 그날 즐긴 게임에 대해 한마디씩 쓰게 했다. 나는 그 분에게서 게임 일기에 대해 처음 듣고 이렇게 물었다.

“게임 일기요? 그런 것도 있군요?”
“예전처럼 게임을 하나의 놀이로만 여기면 안 되겠더라고요.”
“네, 그렇긴 하지요.”
“게임은 우리가 어렸을 때 많이 했던 축구나 피구와도 다르고, 텔레비전과도 다르니까요. 우리 부모가 관심 있게 지켜보면서 어느 정도는 관리해줘야 할 것 같아요.”
“관리 차원에서 일기를 쓰라고 한 건가요?”
“그런 셈이지요. 요즘 게임은 단순한 놀이라고 하기에는 우리 생활에서 너무 중요한 위치를 차지하고 있어요.”

그 분은 아이에게 게임을 못하게 말리는 대신 일기에 게임에 대해 쓰도록 했다. 그리고 게임 이야기를 쓸 때 꼭 지켜야 할 점도 말해주

었다. 게임 일기를 쓰라고 하면 아이들은 그냥 '○○게임을 했다' 정
도로만 쓸 게 분명하니까, 그 분은 다음과 같은 순서와 내용으로 게임
일기를 작성하게 했다.

- 먼저 날마다 어떤 게임을 하는지 적게 했다. 아이가 날마다 다른
  게임을 즐길 수 있기 때문이다. 부모님은 아이가 주로 즐기는 게
  임이 어떤 건지 알게 되고, 아이가 새로운 게임을 시작하면 왜
  그 게임을 하는지 물어볼 수 있다.

- 각 게임을 하면서 느낀 점을 적게 했다. 아이는 기분이 상한 이
  야기, 기분이 좋았던 이야기 등 다양한 이야기를 적을 수 있다.
  부모님은 각 상황에 맞춰 적절히 조언해주는 게 좋다. 아이가 게
  임의 승패에 연연하지 않고, 아이템 획득과 레벨 상승에 집착하
  지 않도록 조언해주자.

- 게임을 하면서 쓴 돈이 얼마인지 적게 했다. 부모님은 미리 정한
  한 달치 예산을 아이가 어떻게 사용하는지 알 수 있다. 아이가
  예산을 가능한 균등하게 사용할 수 있도록 도와주자. 그러면 한
  달 가운데 29일 동안 손가락 빠는 아이의 모습을 보지 않아도 될
  것이다.

그 분은 이렇듯 게임 일기를 계기로 하여 게임 중독 상태에 이른 자
녀와 극적으로 화해했다. 게임을 아이 생활의 일부로 받아들이고 끈

기 있게 노력한 결과 아이는 실제로 게임의 수렁에서 빠져나왔다. 게임은 아무 생각 없이 계속 하면 점점 더 빠져든다. 하지만 게임에 대해 여러 모로 생각할 기회가 주어진다면 반드시 회의적인 감정이 밀려드는 순간이 온다. 지금 그 분의 아이는 가끔 게임을 즐기긴 하지만 게임에 빠지지는 않는다고 한다. 그 분은 아이가 게임에 시간을 헛되이 보내는 대신에 즐겁고 활기차게 다른 활동을 하는 모습이 너무도 자랑스럽고 뿌듯하다고 한다.

이렇게까지 했는데도 아이가 계속 게임에 빠져 있다면 이제 전문기관의 도움을 받는 게 좋다.

우리나라에는 게임 중독을 치료받을 수 있는 기관이 30여 곳 있다. 정부 차원의 기관도 있고, 민간 의료 기관도 있다. 치료는 아주 짧게 이루어지는 경우도 있고, 길게는 1년 동안 이루어지기도 한다. 비용은 무료부터 비싼 경우 2~3백만 원까지 다양하다.

대표적인 기관은 한국정보화진흥원 인터넷중독예방상담센터이다. 이곳에서는 '인터넷쉼터캠프'를 운영하는데, 아이들에게 인터넷 없이 사흘을 보내며 다양한 체험을 하게 한다. 그 동안에 춤도 배우고, 보드게임도 즐길 수 있다. 이런 경험을 하고 나면 아이들은 새로운 친구들과 노는 재미를 느낀다고 한다. 물론 2박 3일 코스이기 때문에 완치는 어렵다. 하지만 분명히 의미 있는 시도로서 이 행사에 참여한 아이는 게임에 대해 새롭게 생각하게 될 것이다.

행정안전부에서는 게임 및 인터넷 중독 예방을 위해 전 국민을 대상으로 교육, 상담 등의 서비스를 제공하고 있다(아름누리 상담콜: 1599-0075로 전화하면 된다). 본인이 아니라도 전화 상담이 가능하고, 구체적인 도움을 요청할 수 있다.

여성가족부와 한국청소년상담원이 함께 운영하는 인터넷 중독 치료 학교도 있다. 11박 12일 일정으로 합숙을 통해 상담을 진행하고, 대인 관계 및 가족 관계 개선을 위한 프로그램을 진행한다. 심리치료도 병행되는데, 비용은 무료이다. 이곳 외에도 서울청소년상담지원센터, 미디어센터 등에서도 게임 중독에 관한 도움을 받을 수 있다.

해외에도 게임 중독을 치료해주는 치료 센터가 여러 곳 있다. 우리나라에도 알려진 곳은 미국에 있는 인터넷 중독 회복 센터(www.netaddictionrecovery.com)이다. 45일간 명상과 삶의 성찰 등을 통해 정상적인 생활을 다시 누릴 수 있다고 하는데, 비용이 1만 4,500달러(우리 돈으로 1,500만 원 정도) 넘게 든다.

일부 부모님은 아이의 게임 문제 때문에 속을 태우다가 극단적인 방법을 떠올리기도 한다. 아이를 게임으로부터 완전히 격리시키는 방법 말이다. 이런 방법을 쓰는 사람은, 아이가 게임에 한번 중독되면 무슨 수를 써도 완치가 불가능하다는 생각을 하고 있다. 그래서 아이에게 게임에 접속할 환경을 없애서 다만 게임을 쉽게 하지 못하도록 하겠다는 것이다. 어떤 가정은 집에서 컴퓨터를 없애고, 어떤 가정은 인터넷 서비스를 해지하고, 또 어떤 가정은 컴퓨터를 거실로 옮겨놓는다. 그러나 이런 노력은 어디서나 인터넷에 접근할 수 있는 우리나라의 환경에서는 그리 효과가 없을 것이다. 집에 컴퓨터가 없어도 피시방에 가면 게임을 즐길 수 있고, 컴퓨터 대신 스마트폰으로도 게임에 접속할 수 있다. 따라서 애초부터 아이를 인터넷과 게임으로부터 격리시키는 일은 불가능하다. 한쪽을 누르면 다른 쪽이 부풀어 오르는 풍선처럼 게임에 빠져 있는 아이들은 이런 강요를 들으면 분명히 다른 방법을 찾아 게임을 할 것이다. 따라서 이미 게임에 빠져있는 아이들에게는 이런 방법을 시도하지 않는 것이 좋다.

게임 산업은 **우리나라**의
미래 산업이 아니냐고?

재미있게도 게임 산업은 신문의 어느 면에 실리느냐에 따라 완전히 다른 대접을 받는다. 사회면에 실린 게임 산업은 공공의 적으로 취급된다. 모든 사회 범죄가 게임에서 비롯되었다는 평가를 받는다. 요즘은 게임 중독이 어지간한 살인 사건의 근본적인 원인으로 거론되기도 한다. 한편 경제면이나 정보통신(IT)면에 실리면 게임 산업은 우리나라 미래의 먹을거리라는 찬사를 받는다. 그리고 대기업의 입김 없이 자수성가할 수 있는 거의 유일한 영역이라며 인정받는다. 일부 게임 회사들과 운영자들이 수천 억, 심지어는 수 조 원의 자산가가 되었다며 조명을 받기도 한다.

세상에는 흑백으로 나눌 수 있는 것이 아무것도 없다. 하얀 것도 조금은 검은 부분이 있고, 검은 것도 조금은 하얀 부분이 있다. 그러나 '대체로 검다'거나 '대체로 하얗다'는 판단은 분명히 해야 한다. 내게 우리나라의 게임 산업에 대해 물어본다면 다음과 같은 이유로 '대체로 검다'고 결론지을 것이다.

- 게임 산업은 해외 시장보다 국내 시장이 더 크고, 해외 시장은 제3세계에 한정되어 있다.
- 게임으로 인한 잠재적 사회 손실과 비용이 너무 크다.
- 국내에서 게임 회사들이 사회적 책임을 다하지 않는다.
- 게임 회사들은 비정상적인 영업이익률을 기록하고 있다.

국내 게임 시장 규모는 이제 10조 원대를 앞두고 있다. 순수하게 게임 회사들이 벌어들이는 매출액이 아니라 게임과 관련된 여러 다른 매출액을 더한 수치이다. 이 게임 시장 규모 가운데 대부분은 온라인게임이 책임지고 있다. 영화 산업의 시장 규모보다 3~4배 이상 크고, 한 해 수출액만 1조 5천억 원에 달한다. 이미 대단한 쾌거를 이루었다.

그러나 해외 시장 진출에는 분명한 벽이 있다. 우리나라가 강점을 보이는 온라인게임은 주로 제3세계 국가들에서 소비되고 있는 게 현실이다. 중독성이 상대적으로 낮고, 가족과 친구들이 모여 함께 즐기기에 좋은 소니 플레이스테이션이나 닌텐도 위와 같은 콘솔게임(게임기로 하는 게임)은 선진국에서 인기를 끌고 있다. 반면에 중독성이 강하고, 혼자 즐기기에 좋은 온라인게임은 제3세계에서 큰 인기를 끌고 있다.

먼저 제3세계 국가들의 게임 산업과 선진국의 게임 산업이 어떤 차이점이 있는지 자세히 살펴보고, 우리나라와도 비교해보자.

● **베트남 __ 미국의 컨설팅 전문업체 펄 리서치에서 발행한 보고서(2010년 5월)**

베트남의 온라인게임 이용자 수는 2011년까지 1000만 명을 초과할 것으로 예측된다. 현재 베트남 시장 전체에는 온라인게임이 50개 이상 존재한다. 온라인게임 산업이 불과 2004년에 등장한 점을 생각하면 큰 성공이다. 특히 고급 인터넷 카페에서 인터뷰한 게임 이용자 중에는 매월 평균 50만 베트남 동(우리 돈으로 3만 원 정도)을 게임에 지출하는 게임 이용자도 있다. 이들이 주요 고객이다.

● **태국 __ 한국콘텐츠진흥원(2010년 7월)**

2008년 기준으로 태국의 게임 시장 규모는 전년 대비 19% 성장한 89억 8000만 바트, 즉 우리 돈으로 3000억 원에 달한다. 각 플랫폼 별 시장 점유율은 온라인게임이 압도적으로 높은 44%를 차지하고, 그 다음이 오락실 게임(27%), 콘솔 게임(17%) 순이다.

● **중국 __ 《베타뉴스》(2010년 1월 27일)**

중국의 온라인게임 규모는 "270억 6천만 위안(약 39억 6천 3백만 달러, 우리 돈으로 4조 4천억 원)을 기록했다"고 말했다. 온라인게임 시장은 2004~2008년 연평균 59%에 달하는 성장률을 보이고 있으며, 산업 평균이윤율도 50% 이상으로 산업 중 최고를 기록하고 있다.

또한 중국의 휴대전화 이용자는 6억 8천만 명에 달하고, 모바일 인터넷 이용자 역시 1억 1천 7백만 명에 달하고 있다. 이와 함께 모바일

게임도 지속적으로 성장하고 있다. 2009년 18억 위안을 기록한 중국의 모바일게임 시장 규모는 2010년 26억 위안(약 3억 8천만 달러, 우리 돈으로 4,400억 원) 이상으로 성장할 것으로 예상하고 있다.

● 미국 _ 《베타뉴스》(2010년 1월 27일)

미국의 게임 시장 규모는 2008년 250억 달러에서, 2009년에는 다소 감소할 것으로 보인다. 우리 돈으로 28조 원 정도 될 것이다. 이 중 콘솔과 포터블 게임이 전체 매출의 74%를 차지한다. 시장 조사기업 TNS 및 게임 언론 '게임인더스트리'의 2009년 조사 결과에 따르면 미국 게이머 중 멀티플레이 온라인게임과 게임 포털 유저 수를 합쳐 온라인게임을 즐기는 유저는 총 20%에 달한다.

● 유럽 _ TNS 및 게임 언론 '게임인더스트리' 2009년 조사

유럽 시장은 평균적으로 15%의 유저가 멀티플레이 온라인게임과 게임 포털 서비스를 이용하는 것으로 조사되었다. 영국은 콘솔 게임 : 온라인게임이 64% : 12%, 프랑스는 66% : 10%로 나타났다.

● 우리나라 _ 《베타뉴스》(2010년 1월 28일)

2009년 국내 온라인게임 시장은 전체 게임 플랫폼의 78%를 차지하며, 3조 4171억 원의 규모에 달할 것으로 전망한다. 또한 국내 인터넷 인구 3천 2백만 명 중 게임 이용률은 56%에 달하는 1천 8백만 명으로

집계되었다. 꾸준한 성장세를 유지해오고 있는 수출 규모 역시 35.8%
증가한 14억 9천만 달러를 기록하고, 게임 산업 무역수지는 11억 3천
만 달러가 예상되고 있다. 특히 온라인게임은 수출액의 95.5%를 차지
하며, 다시 한번 수출 산업으로써 온라인게임의 위상을 확인했다.

위에 열거한 각 국가별 시장 조사 자료를 보면 특이한 사실을 발견
할 수 있다. 선진국의 게임 시장과 제3세계의 게임 시장의 구조가 완
전히 다르다. 선진국은 순수한 여가활동의 하나로 즐기는 콘솔게임
시장이 압도적으로 크다. 그래서 게임 중독 문제도 적고, 오프라인에
서 친구나 가족들과 어울려 즐기는 게임 문화가 자리 잡았다. 반면에
제3세계는 온라인게임 시장이 절대적으로 크다. 그 중에서도 우리나
라는 전체 게임 시장 가운데 온라인게임이 차지하는 비중이 비정상적
으로 높다.

이런 상황에서 우리나라의 게임 회사들은 주로 제3세계에 게임을
수출하고 있다. 예전에는 중국과 동남아시아 시장에 주력했다면 이제
는 러시아 등으로 진출을 모색하고 있다. 선진국으로도 여러 차례 진
출을 시도했지만 우리나라와 게임 문화가 달라서 번번이 실패했다.

그렇다면 온라인게임을 잘 만들어 많이 수출하는 것이 과연 우리나
라에 좋은 일일까? 먼저 이제는 중국을 비롯한 제3세계 국가들도 온
라인게임의 해악을 인지하고 적극적으로 규제에 나서고 있다. 또한
제3세계 시장에서 선전하고 있긴 하지만, 소비력이 강한 선진국 시장

의 뒷받침 없이는 성장의 한계가 있을 것이다. 우리나라의 브랜드 가치를 따져보았을 때, 온라인게임 강국이라는 것이 가치를 높이지는 못하고 오히려 낮추지 않을까 우려도 든다.

무엇보다 온라인게임이 수출 역군이라는 타이틀을 달고 있지만 실상은 국내 시장에서 큰돈을 벌고 있는 구조에 의문이 든다. 삼성전자의 경우 해외 매출 비중이 전체 매출의 80%에 달한다고 한다. 선진국과 후진국 가릴 것 없이 골고루 상품이 팔리고, 사회에 해를 끼치지 않는 물건을 팔기 때문에 이런 결과가 나왔을 것이다. 지금 같은 상황에서 게임 회사들이 제2의 삼성전자처럼 될 수 있을까? 또한 게임 때문에 발생하는 사회적 비용이 무척 큰데도, 게임 회사들은 적절한 사회적 책임을 다하지 않고 있다. 사회적 책임을 다하지 못할 정도로 게임 회사의 영업 이익률이 낮은 것도 아니다. 영업 이익률이 무려 50%에 달하는 게임 회사들도 여럿 있다.

'게임의 해외 수출액 1조 5천억 원'이라는 말이 의미를 띠려면 국내 시장 규모가 이보다 더 작아야 한다. 그러나 국내 시장 규모는 10조 원대에 이르고, 순수하게 게임으로 벌어들이는 금액만 해도 4조 원 규모이다. 여기서 문제는 국내에서 게임에 중독된 사람이 200만 명에 이른다는 점이다. 우리나라 전체 인구의 4%에 해당되는 엄청난 수치이고, 특히 아이들에게 악영향을 끼치는 점을 주목해야 한다. 2010년에 여성가족부에서 발표한 자료를 보면, 인터넷 중독(대부분은 게임 중독을 뜻한다)으로 인한 사회적 비용이 연간 최소 8,000억 원에서 최대 2조 2,000억 원이다. 사실 통계로 잡히지 않은 사회적, 개인적 비용은 더욱 클 것이다. 이렇게 보면 게임 회사들은 사회와 개인의 자원을 갉아 먹으면서 성장하고 있다고 말할 수 있다. 고비용 저효율 산업의 전형인 셈이다.

게임 회사들은 아무리 많은 돈을 벌어도 사회와 개인을 해치면서 버는 돈이라 결코 떳떳할 수 없다. 매출을 올리고 돈을 번 만큼 상당한 사회적 비용과 사후 비용이 발생하고 있기 때문이다. 이와 비슷한 예로 원자력 발전소를 들 수 있다. 원자력 발전소는 화석 연료를 이용한 기존의 발전소에 비해 효율성이 엄청나게 높다고 홍보해왔다. 실제 원자력 발전소의 건설비용이나 유지비용이 화력 발전소들에 비해 상당히 낮은 것으로 알려져 있다. 그러나 2011년 동일본 지진 사태에서 드러난 것처럼 실제 원자력 발전소의 효율성은 훨씬 낮았다. 원자력 발전소가 위험에 빠졌을 때 이를 해결하는 비용, 각종 폐기물 처리 비용, 원자력 발전소가 사회에 끼치는 불안감과 사회적 갈등을 감안하면 결코 효율적이라고 말할 수 없으리라. 우리나라 게임 회사들도 해외에서 벌어오는 큰돈에 즐거워하지만 말고 게임 때문에 발생하고 있는 각종 사후 비용과 위험을 고려해봐야한다.

사실 게임 산업에 이런 이면의 모습이 있는데도 이제껏 사람들에게 제대로 알려지지 않았다. 오히려 언론은 게임 회사를 설립하고 운영하는 것이 유명스타나 백만장자가 되는 지름길인 것처럼 왜곡해 보도했다. 언론이 제 역할을 하지 못한 탓인지 게임 회사들은 스스로 사회적 책임의 의무를 느끼지 못하는 것 같다. 사회적 책임이라는 미명하에 엔씨소프트 사는 프로야구 제9구단을 창단하고, 중독성 높은 게임에 이른바 릴랙스 서버를 두고 일주일에 30~40시간만 게임을 하도록 제한한다는 해결책을 제시했다. 연 매출 1조 원을 바라본다는 넥슨 사는 기부금으로 의미 있는 액수를 내놓지 못하였다. 모두 근본적인 문제 해결과는 너무나 거리가 먼 이야기들이다.

게임 중독의 심각성을 보여주는 또 하나의 지표는, 바로 게임 회사들의 경이적인 영업 이익률이다. 엔씨소프트 사나 넥슨 사의 영업 이익률이 50%를 넘었다는 소식이 가끔 보도되는데, 이것은 일반 산업에서는 상상하기도 어려운 수치이다. 사업을 해본 경험이 있거나 재무에 밝은 사람이라면 이런 수치가 가능한 산업이 도대체 무엇일까 궁금할 것이다. 국내에서 독점적으로 담배 사업을 하는 KT&G와 비교해보면 상황을 좀 더 쉽게 알 수 있다. 국내의 담배 시장 규모는 10조 원에 달하는데, 그 중 KT&G는 2조 이상의 매출을 올린다. 당기 순이익은 7,400억 원으로 무려 25% 이상의 순이익률을 기록하고 있어서 '누워서 떡먹기로 돈 번다'는 이야기를 많이 듣는다. 이런 상황의 KT&G보다 게임 회사들이 더 높은 이익률을 올리고 있다. 한 가지 게임으로 아이들을 계속 붙잡아 앉혀놓고 돈을 뽑아낸 결과임을 알 수 있는데, 명백히 심각한 문제이다.

그렇다면 우리는 게임 회사들에게 어떤 요구를 해야 할까? 게임 회사들은 지금껏 높은 순이익을 올리는 대신에 많은 사회적 비용을 발생시키면서도 자발적으로 이를 해결하려 노력하지 않았다. 그러므로 이제는 국가가 나서서 게임 회사들로부터 게임세를 거두어야 한다고 생각한다. 즉 공해를 배출하는 기업이 공해세를 내고, 칼로리가 높은 식품을 파는 기업이 지방세(fat tax)를 내어 약간의 면죄부를 받듯이 게임 회사들도 그런 세금을 내야 한다고 본다. 실제 미국의 몇몇 주에서는 칼로리 높은 식품에 지방세를 물리면서 적으나마 비만 억제 효과를 보았다고 한다. 현재 메이저 게임 회사들이 이익을 얻는 형태가 많은 세금을 거둘 수 있는 구조로 되어 있고, 게임이 끼치는 다양한 해악들이 이미 입증된 상태라 정부에서 적극적으로 검토한다면 게임세 부과는 가능하리라 본다.

지금은 국가가 게임 산업에 적극적으로 개입하지 않고 있는데, 이런 상황에 대해 일부 사람들은 음모론을 제기하기도 한다. 국가를 대신해 게임 회사에서 통제하기 어렵고 자칫 비행을 저지르기 쉬운 청소년들을 한 곳에 붙잡아놓고 있다는 것이다. 황당하게 들리기도 하지만, 게임의 중독성이 얼마나 큰지 보여주는 것 같아 씁쓸하다.

지금 추세로 게임의 사회적 손실과 비용이 증가한다면 머지않아 게임 회사들은 다양한 소송에 직면할 것이다. 담배 산업이 미국을 비롯해 우리나라에서도 이런 소송에 휘말린 일은 잘 알려진 사실 아닌가. 우리나라 게임 회사인 엔씨소프트 사는 소송의 천국이라는 미국에서 이미 소송에 걸렸다. 다른 메이저 게임 회사들도 이러한 소송에서 결코 자유롭지 못할 것이다.

요약컨대 게임 산업은 우리나라의 미래 먹을거리로서 부족한 점이 많다. 선진국 시장으로는 진입하기 어렵고, 큰 시장을 형성하고 있는 제3세계에서는 게임의 해악을 깨닫고 여러 가지 제재를 가하고 있다. 우리나라 상황만 보아도 게임 산업이 불러일으키는 사회적 비용이 만만치 않다. 모든 면에서 게임 산업은 스스로 정당성을 얻기 어려운 처지에 있다.

참고 기사

'리니지 2'를 상대로 300만 달러의 소송 《야후 월드 뉴스》 2010년 8월 30일

하와이에 사는 크레이그 스몰우드(51세)란 남성이 한국의 엔씨소프트 사의 '리니지'를 상대로 300만 달러의 소송을 일으켜 그 향방에 주목이 모아지고 있다. 게임 중독에 빠져 날마다 샤워도 하지 못하고, 옷도 못 갈아입고, 낮에 일어날 수도 없다는 것이 소송의 이유이다. (중략) 지금도 게임을 하지 않으면 안 된다는 강박관념에 사로잡혀 있는데, 그러한 문제에 대해 게임 회사 측에서 명확한 경고를 하지 않았다면서 온라인게임이 중독에 빠질 위험성이 있다는 경고를 미리 들었으면 게임 소프트웨어를 구입하지 않았을 것이라고 주장하고 있다.

게임업계 '중독 방치' 집단소송 불씨 키운다 《머니투데이》 2010년 12월 6일

최근 연구에 따르면 미국민의 4%가 심각한 게임 중독 상태이고, 이들이 게임을 하는 시간에 빌딩을 세웠다면 매주 엠파이어스테이트 빌딩을 48개나 지을 수 있다고 합니다. 이렇듯 게임 중독은 사회적인 손실도 크지만 게임업체에도 직접적인 위협이 됩니다.

(인터뷰) 임상혁 / 법무법인세종 변호사

"게임 회사가 이용자들의 게임 중독을 알고도 방치했느냐가 핵심입니다. 사회 분위기가 게임 중독에 대한 우려가 높아지고 국회에도 법안이 계류돼 있는 상태에서 게임 회사가 게임 중독의 위법성 내지 폐해를 몰랐다고 말할 순 없을 것 같구요." (하략)

국가는 무엇을 해야 하는가?

나는 이제껏 아이들의 게임 중독을 막기 위해 부모님들의 할 일이 무엇인지 이야기했다. 그러나 누구나 알듯이 그것만으로는 부족하다. 게임 문화가 뿌리 깊이 자리 잡은 상황에서는 개인적인 해결책은 한계가 있기 마련이다. 이제 부모님들의 노력에만 기댈 것이 아니라 국가도 제 역할을 해야 한다. 특히 여건이 어려워 게임에 빠진 아이를 방치할 수밖에 없는 가정을 대신해서 국가가 나서서 해결책을 찾아주어야 한다.

먼저 우리나라에서 게임이 보급되는 모습을 보면 싱가포르와 마카오의 카지노 산업이 떠오른다. 이 두 나라는 카지노 산업을 국가적인 산업으로 밀고 있다. 작은 도시국가라서 그 영향력이 훨씬 클 거라고 예상되지만, 실상은 우리나라에서 게임이 끼치는 폐해만큼 크지 않다고 한다. 먼저 우리나라에서는 사람들이 게임을 편히 즐기기보다는 승부를 겨루는 데 집중해서인지 게임에 한번 빠지면 헤쳐 나오기가 쉽지 않다. 여기에 게임 산업이 발달하고 그에 따른 심각한 문제점이 발생한 지 꽤 되었는데도 제때에 대책을 세우지 않아 문제점을 더 키웠다.

그렇다면 싱가포르나 마카오는 어떤 방법으로 이런 불상사를 막고 있을까? 싱가포르는 카지노에 출입하는 내국인의 입장료 수익 전액을 도박 중독 예방 및 치료에 사용한다. 카지노로 벌어들이는 돈을 카지노 부작용을 막는 데 철저히 사용하고 있는 것이다. 그리고 이용객이 중독의 위험을 느끼면 스스로 카지노 출입 금지 신청을 할 수 있다. 물론 이용객의 가족 등 이해관계자들도 이를 신청할 수 있다. 누구든 카지노에서 벗어나고 싶어하면 국가 차원에서 적절히 기회를 제공하겠다는 뜻이리라. 세심한 배려가 아닐 수 없다. 마카오 역시 카지노 중독 예방 및 치료를 위해 갖가지 대책을 마련해놓았는데, 지금 이보다 더 강한 예방책까지 마련하고 있다고 한다. 국가 차원에서 이토록 관리하고 있기 때문인지 이 두 나라의 카지노 문제는 우리의 게임 문제만큼 심각하지는 않다.

내가 이 책을 쓰려고 준비한 때가 4년 전이고, 실제로 책을 쓰기 시작한 때가 1년 전인데 최근에 게임 셧다운제 문제가 급부상했다. 그리고 '16세 미만 청소년들의 밤 12시 이후의 심야 게임 이용을 금지하는 법률'이 국회에서 통과되었다. 문화관광부의 반대에도 불구하고 여성가족부에서 강하게 추진한 결과라고 한다. 그러나 이 법률은 게임의 사회적 비용을 줄이거나 폐해를 막기에는 역부족이다. 현재 아이들이 자유롭게 성인 게임까지 즐기고 있는데, 16세 미만 아이들이 심야 게임에 접근하는 것을 어떻게 막는단 말인가? 오랫동안 내가 고민해서 얻은 결론은 이제는 국가가 근본적인 해결책을 마련하는 데 앞장서야 한다는 것이다. 그러기 위해 국가에서 다음과 같은 일을 책임져야 할 것이다.

첫째, 게임에 대한 각종 임상실험을 실시하고, 사회적 비용을 정밀하게 연구해야 한다. 아직까지도 정부 부처마다 게임의 폐해에 대해 다른 의견을 말하고 있고, 사회적 비용도 산출하는 기관과 목적에 따라 제각각이다. 게임의 사회적 심각성과 중요성을 고려하여 정부 차원에서 체계적으로 연구한다면 머지않아 모든 부처가 통일된 의견을 바탕으로 다각적인 해결책을 마련할 수 있으리라 기대한다.

둘째, 아이들을 게임에서 멀어지게 하려면 무엇보다 아이들에게 게임이 아닌 다른 오락거리가 필요하다. 정부 차원에서 각계의 전문가를 모아 아이들에게 적절한 건강하고 창의적인 놀이 방법을 찾기 위해 연구할 것을 주문한다. 졸속 연구가 아닌 심도 있는 연구를 거치면 분명히 현재의 게임 문화 자체를 크게 바꿀 수도 있을 것이다. 새로운 놀이 방법이 개발되면 몇몇 지역에서 운영해본 뒤 차츰 전국으로 확대하고, 이것이 성공하면 다른 나라에도 수출할 수 있을 것이다.

또한 대통령 부인도 이 문제에 관심을 기울여주기를 바란다. 미국의 퍼스트레이디 미셸 오바마가 '움직이자(Let's Move)'라는 아동비만 퇴치 운동을 벌인 것처럼 말이다. 한 나라의 대통령 부인이라면 무엇보다 아이들의 유해한 환경을 개선하는 일에 꼭 앞장서야 한다고 본다.

국가에서 무슨 예산으로 이 같은 일을 벌이겠느냐고 묻는다면, 앞에서 말한 게임세를 다시 떠올려주기를 바란다. 메이저 게임 회사들에게서 게임세를 지속적으로 거두면 예산은 충분히 확보할 수 있다. 이제 게임 회사들은 우리 아이들의 미래를 위해 더는 뒤로 물러서지 말고 누구보다 앞장서서 이 문제를 해결하기 위해 노력해야 할 것이다.

이제 **게임**은 **안녕! 굿바이!**

게임 산업에 종사한 10여 년 동안 좋은 사람들을 많이 만났다. 게임업계에는 배울 점이 많고, 진취적인 사고를 가진 이들이 많다. 나는 이들을 '게임 일을 하기에 아까운 사람들'이라고 표현한다. 게임업계가 워낙 막대한 사회적 비용을 야기하고 있어서 안타까운 심정으로 하는 말이다. 그렇다면 이들이 구체적으로 어떤 일을 하고 있을까?

먼저, 늘 해외 시장을 목표로 일하는 게임 회사 사장들이 있다. 해외 시장을 목표로 일하는 것은, 내수 시장이 작고 무역 의존도가 높은 우리나라의 사업가에게는 가장 중요한 마음가짐이 아닌가 싶다. 이들은 진취적인 기상으로 똘똘 뭉쳐 사업을 시작할 때부터 세계 시장을 노리며 돌진한다.

둘째, 철저히 조사와 자료를 바탕으로 일하여 놀라운 성과를 올리는 게임 마케터들이 있다. 다른 산업 부문에서는 마케터들이 혁혁한 전과를 올리는 경우가 흔치 않다. 마케터들이 알고 있는 이론과 실제가 다르기 때문이다. 하지만 게임 마케터들은 명사수 같은 정확한 조

준과 명중을 보여주는 경우가 많다. 기발한 사례가 많은데, 초등학생들이 자주 먹는 편의점 간식거리에 게임 아이템을 붙여서 판매하여 대성공을 거둔 것이 대표적이다.

셋째, 게임 산업을 진심으로 좋아하고 지지하는 게임 담당 기자들이 있다. 실제로 어느 분야의 기자가 이토록 발 벗고 나설까 싶을 만큼 게임 담당 기자들은 굳센 사명감으로 게임 산업을 돕는다. 이들은 우리나라 콘텐츠 산업 전반을 살펴보는 눈도 상당히 밝아서 내 개인적으로 깊은 인상과 감동을 받은 일도 많다.

이렇듯 훌륭한 인재들이 게임업계에 몰두하는 상황이 내게는 국가적인 낭비처럼 여겨진다. 이제껏 말한 대로 지금 같은 시스템에서는 아이들이 게임에 중독되지 않고 적당히 즐기기는 불가능에 가깝다. 결국은 이 인재들이 아이들을 게임 중독에 빠뜨리는 일에 가담하고 있다는 뜻이 아니면 무엇이겠는가? 나 스스로 느끼는 후회와 비애감 때문인지 모르겠으나 이들이 차라리 다른 일을 한다면 진심으로 행복해하고 자녀들에게도 떳떳해하지 않을까 한다.

게임 사업이 이용자에게 시간을 요구하는 사업이기에 애초에 부당성을 지니고 있는지 모른다. 우리 인간의 삶에서 시간만큼 소중한 것이 또 어디 있는가? 이렇듯 소중한 자원을 허비하게 하는 게임 사업이 앞으로 계속 순항할 수 있을까? 공해 문제나 인권 문제가 산업혁명 당시에는 완전히 도외시되었다가 뒷날 크나큰 관심거리로 떠올랐듯이 지금 게임 문제도 이와 똑같은 전철을 밟지 않을까 걱정된다. 지금 집집마다 아이들의 삶의 일부로 자리 잡은 게임이 언젠가는 도저히 무시할 수 없는 부작용을 낳지 않을까? 그런 비극적인 상황이 오기 전에 지금 게임 시장을 좌지우지하고 있는 메이저 게임 회사들이 자신들의 이익을 일부 포기하는 대신 자정의 노력을 기울였으면 한다. 그래야 진정한 의미의 게임이 우리 문화로 안착할 수 있고, 우리 아이들의 미래를 밝게 그릴 수 있다. 그날이 언제가 될지는 모르지만, 한때 게임 산업에 종사했던 사람으로서 반성과 걱정을 넘어 그날이 꼭 오기를 기대한다.

이제 게임은 아이들의 삶에서 선택이 아닌 필수가 되었다. 게임을 하지 않는 아이가 없다. 현실이 이렇게 달라진 만큼 부모님들도 자녀들이 즐기는 게임에 대해 웬만큼 알아야 한다는 생각을 하고 있다. 하지만 실제로 게임에 대해 뭘 어떻게 알아야 하는지 막막해한다. 그 때문에 부모님들은 게임의 폐해에 대해 막연히 두려워하고만 있다. 다른 한편으로는 자녀에게 게임을 조금씩 즐기게 하는 것이 시대의 흐름에 뒤처지지 않는 길이라고 여기기도 한다. 하지만 이것은 매우 위험한 발상이다.

한번 게임에 빠진 아이는 그 무엇으로도 원래대로 되돌려놓기가 어렵다. 누구나 알다시피 아이가 게임에 빠지면 부모님의 역할이 가장 중요하다. 부모님은 아이에게 더 깊은 관심을 보이고 게임에 대한 지식과 정보를 모아야 한다. 아이와 함께 실제로 게임을 해보면 더욱 좋다. 그 과정에서 아이와 교감을 나누고, 마침내 아이에게 게임이 아닌 다른 재밋거리를 찾아주면 된다. 이것으로 충분하다. 아이가 게임에 심하게 빠진 상태가 아니라면 새로운 여가활동을 찾은 것만으로 문제는 해결된다.

여러 번 강조하지만, 아이에게 게임 대신에 공부를 하라고 말해서는 안 된다. 이것만 지키면 아이를 게임의 수렁에서 건져내는 일에서 첫 번째 계단을 올라섰다고 볼 수 있다. 그 다음으로 아이와 함께 게임에 대해 대화를 나눌 수 있으면 계단을 중간쯤 오른 셈이다. 그리고 아이가 게임 대신에 정말로 좋아하는 것을 찾아내고, 스스로 게임을 멀리 하고 새로운 관심사에 집중하게 되면 계단을 완전히 올라온 것이다. 아이가 게임에 빠지는 것은, 게임이 재미있어서라기보다는 학업과 다른 문제들 때문에 스트레스를 받아서일 경우가 많다. 이 사실을 잊지 않으면, 아이의 게임 문제가 부모님과 가정, 나아가 우리 사회와 국가의 문제임을 깨달을 것이고 그 해결책도 여기서 찾을 수 있을 것이다.

마지막으로 이 책을 쓰면서 느낀 몇 가지 어려움을 털어놓고 싶다. 먼저 내가 몸담았던 게임업계에 대해 부정적으로 이야기하기가 이렇게 힘들 줄 미처 몰랐다. 미리 알았더라면 이 책을 쓰려고 마음먹지 못했을 것이다. 솔직히 중간에 그만둘까 하는 생각도 했다. 하지만 이제 더는 게임이 사회에 손실을 끼치게 해서는 안 된다는 대의명분으로 책을 계속 쓸 수 있었다. 게임 중독이나 과다사용에 빠진 아이들을 제자리로 돌려놓고 싶은 마음이 무엇보다 가장 절실했다.

이 책을 쓰면서 느낀 또 다른 어려움은, 나 자신의 게임 문제였다. 게임 중독 실험을 위해 5개월간 게임을 즐긴 여파가 상상 외로 무척 컸다. 나는 아직도 한가한 시간이 나면 게임을 즐기고픈 욕망과 싸우고 있다. 이를 위해 몇 가지 취미활동에 집중하고 있다. 중국어 공부도 시작하고, 여러 가지 신문(종이 신문이다)을 읽기 시작했다. 독서와 등산에도 힘을 쏟고 있다. 이렇게 생활하는데도 이따금 게임 생각이 난다. 아마도 한두 달 더 노력해야 게임에서 완전히 빠져나올 수 있을 것 같다.

부족한 책이지만, 자녀들의 게임 문제 때문에 걱정하고 불안해하는 부모님들이 많이 읽어주면 좋겠다. 이 책을 계기로 해서 자녀들과 게임에 대해 솔직히 대화하는 단계까지만 간다고 해도 저자로서 더한 영광이 없을 것이다. 끝으로 이 책에 제시한 방법보다 더 나은 해결책을 알고 있는 부모님이 있다면 주저 말고 조언해주기를 바란다.

게임회사가
우리 아이에게
말하지 않는 진실

부록

앞에서 하지 못한 이야기들

주요 포털 사이트에서 검색 순위로 10위 안에 드는 온라인게임 중 8가지를 정리해보았다. 많은 사람에게 인기가 있고, 대부분 아이들이 즐기는 게임들이다.

1위 던전앤파이터 '액션 쾌감' 알피지(RPG) 게임을 지향한다. 옆으로 이동하면서 대결하는 횡스크롤 액션 게임으로, 예전에 오락실에서 즐겼던 수많은 액션 게임을 떠올리면 된다. 많은 아이들이 좋아하는 게임이다. 이 게임을 제작한 네오플 사를 설립한 허민 사장은, 넥슨 사에 이 회사를 수천 억 원에 매각한 것으로 알려져 주목을 받았다.

2위 서든어택 짧은 시간에 큰 인기를 얻은 슈팅 게임이다. 게임 내용 가운데 유혈이 낭자한 모습이 많아 잔인해 보일 수도 있다. 간단하고 빠르게 즐길 수 있어서 나이에 상관없이 많은 남성에게 사랑을 받고 있다. 이 게임을 제작한 게임하이 사도 넥슨 사에 인수되었다.

3위 메이플스토리 온라인게임 업계에서 신화적인 게임으로 통한다. 우리나라 초등학생들 대부분이 즐기는 게임으로, 여기서 파생된 모바일게임, 만화책 등이 엄청난 히트를 쳤다. 이 게임을 제작한 위젯 사 역시 넥슨 사에 인수되었다.

4위 피파온라인 미국 등 해외에서 인기를 끄는 스포츠 게임 가운데 하나로, 제목에서 알 수 있듯이 축구를 소재로 했다. 국내 굴지의 게임 회사인 네오위즈게임즈가 세계 최대의 게임 회사인 EA와 손잡고 공동 개발한 게임이다. 주로 남성들이 좋아하고, 성인들도 많이 즐긴다. 실제 축구의 인기가 지속되는 한 계속 인기를 끌 것 같다.

5위 리니지 '리니지 폐인'이라는 용어가 생겨날 만큼 많은 사람이 깊이 빠져든 게임이다. 이 게임의 인기에 힘입어 게임 아이템, PK(게임 안에서 상대방 캐릭터를 죽이는 행위) 같은 생소한 용어가 기사화되어 널리 알려졌고, 제작사인 엔씨소프트 사와 김택진 대표가 엄청난 유명세를 탔다. 아이들보다는 성인들이 주로 즐긴다.

6위 카트라이더 게임의 대중화를 본격화시킨 게임이다. 한창 인기를 누릴 때는 동시에 수십만 명이 접속하여 이 게임을 즐겼다. 매달 일정 요금을 내고 즐기는 게임이 아닌데도 연간 천억 원이 넘는 수익을 냈다. 일본 게임 '마리오 카트'와 유사하다며 베끼기 논란에 휩싸인 적도 있다. 아이들과 성인들이 모두 즐기는 게임이다.

7위 월드오브워크래프트(와우(WOW)) 처음 출시된 때부터 지금까지 알피지(RPG) 게임의 결정판이라는 평판을 얻고 있는 게임으로, 많은 사람의 사랑을 받고 있다. 미국 블리자드 사에서 제작한 게임으로, 게임의 품질이 월등하게 뛰어나 한국 게임 회사들에게 상당한 충격을 주었다.

8위 크레이지아케이드 옛날 오락실 게임의 느낌을 최대한 살려 성공을 거둔 게임이다. 컴퓨터 한 대로 두 사람이 즐기는 기능, 게임 속에서 다른 사람을 도와주는 기능을 넣어 큰 성공을 거두었다. 지금도 많은 초등학생들이 이 게임을 즐기고 있다.

부모님 입장에서 아이들이 즐기는 게임이 어떤 것인지 알아두면 게임에 대해 대화를 나누기가 좀 더 쉬울 것 같아 이렇게 인기 있는 게임을 정리해보았다. 아이들이 한 가지 게임에만 빠지기도 하지만 동시에 여러 가지 게임에 빠지는 경우도 있다. 그때그때 게임을 즐기는 목적이 다르기 때문이다. 이를테면 '메이플스토리' 게임을 캐릭터를 키우면서 애정을 갖고 즐기는 동시에 '서든어택' 게임도 심심풀이로 한 번씩 즐길 수 있다. 이래저래 아이들에게는 게임의 유혹이 많다.

| 게임 회사는 어떻게 세워질까? |

우리나라에 게임 제작회사가 몇 개나 될까? 1년에 출시되는 온라인게임이 100개 미만이고, 평균 개발 기간을 2년으로 치면 모두 200개쯤 될까? 놀라지 마시라. 정확하지는 않지만, 업계에서 파악하기로는 온라인게임과 아케이드게임을 만드는 회사가 2,500개가 넘는다. 일반인들에게는 리니지 게임으로 유명한 엔씨소프트 사, 많은 아이가 즐기는 게임을 만드는 넥슨 사 정도밖에 알려져 있지 않지만, 실제로는 게임 제작회사가 상상 외로 무척 많다. 이렇게 게임 제작회사가 많아진 데는 크게 두 가지 이유가 있다. 이른바 '대박 신화'를 꿈꾸는 사람이 게임업계에 많고, 인력이 세 사람만 모이면 한 가지 게임을 만들 수 있기 때문이다.

게임업계에 '대박 신화'는 수없이 많다. 가끔 게임업계의 거부들에 대해 언급되는데, 얼마 전에는 넥슨 홀딩스의 김정주 회장이 '세계 최고의 갑부 순위'에 올라 주목을 받기도 했다. 김정주 회장은 넥슨 사를 통해 다른 많은 게임 회사를 수백 억 원 내지 수천 억 원에 사들여 직접 청년 억만장자들을 만들어내기도 했다.

그리고 게임업계에서는 세 사람만 모이면 게임을 만들 수 있다는 것을 기정사실로 받아들인다. 실제로 처음에 서너 사람이 모여 만든 게임으로 뒷날 연간 몇 백 억씩 벌어들이는 사례가 있고, 두 사람이 만든 모바일게임으로 수십 억 원을 버는 사례도 있다. 이와 관련하여 게임업계에는 재미있는 농담이 나돈다. 이른바 '3·3·3법칙'이라는 것인데, 다니던 게임 회사에서 3개월 동안 월급이 안 나오면, 평소 마음이 맞은 직원들 셋이 그 회사에서 나와 3개월만 고생하면 간단한 게임을 만들 수 있다는 이야기이다. 과장된 면도 있지만, 다른 사업보다는 분명히 게임 회사를 설립하기가 무척 쉽다. 게임 회사를 설립하는 데 필요한 것은, 인력과 아이디어뿐이다. 원재료나 시설 장비 같은 것은 필요하지 않다.

게임 회사 창업은 몇몇 지인들끼리 하는 경우가 대부분이다. 같은 게임 회사에 다니다가 마음이 맞은 사람들이 모여 창업하기도 하고, 대학교나 동아리 선후배들끼리 창업하는 경우도 꽤 있다. 창업자금은 보통 5천만 원 이하이고, 몇 달 동안 프로젝트가 진행되면 평소 가깝게 지내던 엔젤 투자자를 만나 1~2억 원, 많게는 5억 원 정도를 추가로 투자 받기도 한다.

이때부터 적은 비용으로 단기간에 좋은 게임을 만들기 위한 고난의 행군이 시작된다. 대부분 야근은 기본이고 주말도 반납한다. 게임 회사 직원들에게는 일주일이 '월화수목금금금'이라는 말이 농담이 아닌 실제 상황인 것이다. 게임 회사를 창업할 때는 다른 산업에서는 기본적으로 갖추고 시작하는 영업 인력이나 회계 총무 인력 등은 갖추지 않는 경우가 많다. 공동 창업자들이 저마다 게임 개발의 한 부분을 담당하는데, 게임 개발은 크게 세 부분으로 나뉜다. 게임의 틀을 잡고 스토리를 만드는 기획, 게임을 멋지게 보이게 하는 그래픽 디자인, 스토리와 디자인을 바탕으로 실제 게임을 할 수 있게 만들어주는 프로그래밍이 바로 그것이다. 어느 부분 가릴 것 없이 세 부분이 모두 중요한데, 게임 회사마다 더 강한 부분이 있기 마련이다.

게임 개발이 본격화되면 부분별로 일을 도와줄 인력을 더 모은다. 자금이 넉넉하면 인력을 많이 모으지만, 자금이 부족하면 인력을 더 모으지 않고도 게임 개발을 계속한다. 이때 운이 매우 좋다면 벤처 캐피털 회사에서 투자를 받기도 한다. 이런 과정을 거쳐 보통 컴퓨터로 즐기는 온라인게임은 1~2년 만에 게임을 개발한다. 휴대폰으로 즐기는 모바일게임은, 이보다 짧은 기간인 6개월~1년 만에 게임을 개발한다. 최근에는 개발기간이 조금 더 늘어나는 추세이다.

온라인게임은 개발이 끝나도 그것으로 일이 끝난 게 아니다. 이때부터 게임을 즐기는 사람들의 반응을 제대로 파악하여 즉각적으로 이를 반영해야 한다. 이 기간을 오픈 베타 테스트 기간이라고 하는데, 여러 사람에게 게임을 공개하여 정식으로 테스트를 거치는 것이다. 일반 대중들이 본격적으로 제품을 이용하기 전에 수많은 사람이 먼저 이용해보고 의견을 개진하는 경우는 게임 산업 외에는 거의 없을 것이다.

과거에 게임 산업에 투자 열풍이 불 당시에는 게임 회사를 창업한 사람이 앞으로 이러저러한 게임을 만들 예정이라는 기획 문서만을 갖고도 기관 투자가들을 설득해 투자를 받곤 했다. 그러나 그런 투자 열풍이 지나간 지금은 개발이 완료되어 서비스하기 직전인 게임을 갖고 가서 투자를 받는다고 한다. 물론 이것도 상황에 따라 다르다. 창업자가 게임업계에서 이미 성공을 거둔 적이 있다면 훨씬 쉽고 빠르게 투자 받을 수 있다. 메이저 게임 회사에서는 게임의 성공 가능성을 보고 입도선매를 하는 경우도 있고, 이른바 퍼블리싱 계약을 맺어 게임 제작은 개발사가 했더라도 서비스는 자사에서 책임지는 경우도 있다. 이때 게임 개발사는 큰 액수의 미니멈 개런티를 받고 서비스 권리를 주요 게임 회사에 넘기곤 한다.

드디어 게임을 유료화했을 때 출발이 좋다면, 그 게임 회사는 수많은 선택권을 누릴 수 있다. 최근에는 어느 정도 성과를 올린 뒤에 더 큰 회사에 매각되는 일이 종종 있다. 창업주들이 자신들이 만든 회사를 끝까지 지키겠다는 생각은 예전만큼 하지 않는 것 같다.

그러나 게임의 성과가 좋지 않다면 그때부터는 온갖 고난이 시작된다. 돈줄은 막히고, 직원들은 서둘러 다른 곳으로 떠나버린다. 게임 회사를 설립한 초기에 고난이 닥치면 이를 당연하게 받아들이기도 한다. 성공에 대한 희망이 있기 때문이다. 그러나 게임이 출시되고 난 뒤에 결과가 좋지 않으면 지옥 같은 고난을 겪는다. 물론 대부분 게임 사업을 처음 시작할 때에는 천국만을 상상할 테지만 말이다.

아동 게임 중독 진단

아동(만 9~12세) 자기 보고용 혹은 아동 대상 관찰자용 검사로 진단 결과 고위험 사용자, 잠재적 위험 사용자, 일반 사용자로 분류됩니다.

성별 : ☐ 남자 ☐ 여자
나이 : 만 9세~만 12세
보기 : 전혀 그렇지 않다(1점), 때때로 그렇다(2점), 그렇다(3점), 매우 그렇다(4점)

1) 게임 속의 내가 실제의 나보다 더 좋다.
☐ 전혀 그렇지 않다   ☐ 때때로 그렇다   ☐ 그렇다   ☐ 매우 그렇다

2) 게임에서 사람을 사귀는 것이 더 편하다.
☐ 전혀 그렇지 않다   ☐ 때때로 그렇다   ☐ 그렇다   ☐ 매우 그렇다

3) 게임으로 인해 학교생활이 재미없게 느껴진다.
☐ 전혀 그렇지 않다   ☐ 때때로 그렇다   ☐ 그렇다   ☐ 매우 그렇다

4) 게임에서 사귄 친구들이 나를 더 알아준다.
☐ 전혀 그렇지 않다   ☐ 때때로 그렇다   ☐ 그렇다   ☐ 매우 그렇다

5) 내 캐릭터가 다치거나 죽으면 실제로 내가 그렇게 된 것 같다.
☐ 전혀 그렇지 않다   ☐ 때때로 그렇다   ☐ 그렇다   ☐ 매우 그렇다

6) 게임을 하는 것이 친한 친구와 노는 것보다 더 좋다.
☐ 전혀 그렇지 않다   ☐ 때때로 그렇다   ☐ 그렇다   ☐ 매우 그렇다

7) 처음에 계획했던 게임 시간을 지키기 어렵다.

☐ 전혀 그렇지 않다　　☐ 때때로 그렇다　　☐ 그렇다　　☐ 매우 그렇다

8) 게임하는 시간을 줄이려고 하지만 잘 안 된다.

☐ 전혀 그렇지 않다　　☐ 때때로 그렇다　　☐ 그렇다　　☐ 매우 그렇다

9) 게임을 안 하겠다고 마음먹고도 다시 게임을 하게 된다.

☐ 전혀 그렇지 않다　　☐ 때때로 그렇다　　☐ 그렇다　　☐ 매우 그렇다

10) 게임을 하느라 해야 할 일을 못한다.

☐ 전혀 그렇지 않다　　☐ 때때로 그렇다　　☐ 그렇다　　☐ 매우 그렇다

11) 게임을 하느라 학교 숙제를 할 시간이 없다.

☐ 전혀 그렇지 않다　　☐ 때때로 그렇다　　☐ 그렇다　　☐ 매우 그렇다

12) 게임하는 시간이 점점 길어진다.

☐ 전혀 그렇지 않다　　☐ 때때로 그렇다　　☐ 그렇다　　☐ 매우 그렇다

13) 게임을 그만하라는 말을 듣고도 그만두기가 어렵다.

☐ 전혀 그렇지 않다　　☐ 때때로 그렇다　　☐ 그렇다　　☐ 매우 그렇다

14) 게임을 하면서 전보다 짜증이 늘었다.

☐ 전혀 그렇지 않다　　☐ 때때로 그렇다　　☐ 그렇다　　☐ 매우 그렇다

15) 야단을 맞더라도 게임을 하고 싶다.

☐ 전혀 그렇지 않다　　☐ 때때로 그렇다　　☐ 그렇다　　☐ 매우 그렇다

16) 게임을 하지 못하면 불안하다.

☐ 전혀 그렇지 않다　　☐ 때때로 그렇다　　☐ 그렇다　　☐ 매우 그렇다

17) 누가 게임을 못하게 하면 화가 난다.

☐ 전혀 그렇지 않다　　☐ 때때로 그렇다　　☐ 그렇다　　☐ 매우 그렇다

18) 게임을 못하면 하루가 지루하고 재미없다.

☐ 전혀 그렇지 않다　　☐ 때때로 그렇다　　☐ 그렇다　　☐ 매우 그렇다

19) 게임을 안 할 때도 게임 생각이 난다.

☐ 전혀 그렇지 않다　　☐ 때때로 그렇다　　☐ 그렇다　　☐ 매우 그렇다

20) 다른 할 일이 많아도 게임을 먼저 한다.

☐ 전혀 그렇지 않다　　☐ 때때로 그렇다　　☐ 그렇다　　☐ 매우 그렇다

| 유형 : 고위험 사용자 |

분류기준 게임 중독 점수 46점 이상

특성 현실 세계보다는 가상의 게임 세계에 몰입하여 게임 공간과 현실생활을 혼돈하거나 게임으로 인하여 현실 세계의 대인관계나 일상생활에 부적응 문제를 보이며, 부정적 정서를 나타낸다. 혼자서 하루 2시간, 주 5~6회 이상 게임을 하며 게임 행동을 조절하는 데 어려움을 보인다. 일반적으로 자기 통제력이 낮아 일시적인 충동이나 즉각적인 만족을 추구하며 인내력과 효율적인 문제해결 능력이 부족한 경향을 보인다. 또한 공격적 성향이 높으며 자신에 대해 부정적으로 생각하는 경향이 강하다.

비고 전문적 치료 지원 및 상담 요망

| 유형 잠재적 위험 사용자 |

분류기준 게임 중독 점수 36점 이상 45점 이하

특성 고위험 사용자에 비해 낮은 수준이나 가상세계에 대해 더 많은 관심을 두고 게임에 몰입하는 경향을 보이며 게임과 현실생활을 혼돈하거나 게임으로 인하여 현실 세계의 대인관계, 일상생활에 문제를 나타내기도 한다. 하루 1시간 30분, 주 3~4회 정도, 혼자서 게임을 하는 경향이 있다. 공격적 성향을 보이며, 자기 통제력이 낮고 충동적이며 자기 위주로 생각하고 말보다는 행동이 앞서는 경향이 있다. 자신에 대해 부정적으로 생각하는 경향을 나타내기도 한다.

비고 게임 중독 행동 주의 및 예방 프로그램 요망

| 유형 일반 사용자 |

분류기준 게임 중독 점수 35점 이하

특성 게임 습관을 스스로 조절할 수 있으며, 게임과 현실 세계에 대한 구분이 명확하여 게임으로 인해 정서적인 영향을 받지 않는다. 하루 1시간 이하, 주 1~2회 이하 친구와 형제 등 주변 사람들과 함께 게임을 하는 등 인터넷 게임 사용을 적절하게 조절할 수 있다. 자신의 욕구를 조절하고 효율적으로 문제를 해결하는 경향을 보인다. 일시적인 충동에 의하거나 즉각적인 만족을 주는 문제행동을 회피하고 인내할 수 있는 능력이 높다. 자신에 대해 긍정적으로 생각하는 경향이 강하다.

비고 지속적 자기점검 요망

청소년 게임 중독 진단

청소년(만 13~18세) 자기 보고용 검사로 진단 결과 고위험 사용자, 잠재적 위험 사용자, 일반 사용자로 분류됩니다.

> 성별 : ☐ 남자 ☐ 여자
> 나이 : 만 13세~만 18세
> 보기 : 전혀 그렇지 않다(1점), 때때로 그렇다(2점), 그렇다(3점), 매우 그렇다(4점)

1) 게임에서 사귄 친구들이 실제 친구들보다 나를 더 알아준다.

☐ 전혀 그렇지 않다　　☐ 때때로 그렇다　　☐ 그렇다　　☐ 매우 그렇다

2) 게임을 하는 것이 친한 친구들과 어울리는 것보다 더 좋다.

☐ 전혀 그렇지 않다　　☐ 때때로 그렇다　　☐ 그렇다　　☐ 매우 그렇다

3) 게임 공간에서의 생활이 실제생활보다 더 좋다.

☐ 전혀 그렇지 않다　　☐ 때때로 그렇다　　☐ 그렇다　　☐ 매우 그렇다

4) 게임에서 사람을 사귀는 것이 더 편하고 자신 있다.

☐ 전혀 그렇지 않다　　☐ 때때로 그렇다　　☐ 그렇다　　☐ 매우 그렇다

5) 게임 속의 내가 실제의 나보다 더 좋다.

☐ 전혀 그렇지 않다　　☐ 때때로 그렇다　　☐ 그렇다　　☐ 매우 그렇다

6) 게임을 안 하겠다고 마음먹고도 다시 게임을 하게 된다.

☐ 전혀 그렇지 않다　　☐ 때때로 그렇다　　☐ 그렇다　　☐ 매우 그렇다

7) 점점 더 오랜 시간 게임을 해야 만족하게 된다.

☐ 전혀 그렇지 않다　　☐ 때때로 그렇다　　☐ 그렇다　　☐ 매우 그렇다

8) 게임 생각 때문에 공부에 집중하기 어렵다.

☐ 전혀 그렇지 않다　　☐ 때때로 그렇다　　☐ 그렇다　　☐ 매우 그렇다

9) 게임 하는 시간을 줄이려고 노력하지만 실패한다.

☐ 전혀 그렇지 않다　　☐ 때때로 그렇다　　☐ 그렇다　　☐ 매우 그렇다

10) 밤늦게까지 게임을 하느라 시간 가는 줄 모른다.

☐ 전혀 그렇지 않다　　☐ 때때로 그렇다　　☐ 그렇다　　☐ 매우 그렇다

11) 게임을 하느라 해야 할 일을 못한다.

☐ 전혀 그렇지 않다　　☐ 때때로 그렇다　　☐ 그렇다　　☐ 매우 그렇다

12) 갈수록 게임을 하는 시간이 길어진다.

☐ 전혀 그렇지 않다　　☐ 때때로 그렇다　　☐ 그렇다　　☐ 매우 그렇다

13) 게임을 그만두어야 하는 경우에도 게임을 그만두는 것이 어렵다.

☐ 전혀 그렇지 않다　　☐ 때때로 그렇다　　☐ 그렇다　　☐ 매우 그렇다

14) 게임을 못하게 되면 화가 난다.

☐ 전혀 그렇지 않다　　☐ 때때로 그렇다　　☐ 그렇다　　☐ 매우 그렇다

15) 게임을 못한다는 것은 견디기 힘든 일이다.
☐ 전혀 그렇지 않다   ☐ 때때로 그렇다   ☐ 그렇다   ☐ 매우 그렇다

16) 다른 일 때문에 게임을 못하게 될까 봐 걱정된다.
☐ 전혀 그렇지 않다   ☐ 때때로 그렇다   ☐ 그렇다   ☐ 매우 그렇다

17) 게임으로 인해 생활에 문제가 생기더라도 게임을 해야 한다.
☐ 전혀 그렇지 않다   ☐ 때때로 그렇다   ☐ 그렇다   ☐ 매우 그렇다

18) 누가 게임을 못 하게 하면 신경질이 난다.
☐ 전혀 그렇지 않다   ☐ 때때로 그렇다   ☐ 그렇다   ☐ 매우 그렇다

19) 게임을 하지 못하면 불안하고 초조하다.
☐ 전혀 그렇지 않다   ☐ 때때로 그렇다   ☐ 그렇다   ☐ 매우 그렇다

20) 게임을 하지 않을 때에도 게임 생각을 하게 된다.
☐ 전혀 그렇지 않다   ☐ 때때로 그렇다   ☐ 그렇다   ☐ 매우 그렇다

| 유형 : 고위험 사용자 |

분류기준 게임 중독 점수 49점 이상

특성 현실 세계보다는 가상의 게임 세계에 몰입하여 게임공간과 현실생활을 혼돈하거나 게임으로 인하여 현실 세계의 대인관계나 일상생활에 부적응문제를 보이며, 부정적 정서를 나타낸다. 하루 2시간 30분 이상 매일 게임을 하는 경우가 많으며, 게임을 하느라 친구와 어울리지 못하는 등 게임행동을 적절하게 조절할 수 없는 상태이다. 일반적으로 자기 통제력이 낮아 일시적인 충동이나 즉각적인 만족을 추구하며 인내력과 효율적인 문제해결 능력이 부족한 경향을 보인다. 또한 공격적 성향이 높으며 자신에 대해 부정적으로 생각하는 경향이 강하다.

비고 전문적 치료 지원 및 상담 요망

| 유형 : 잠재적 위험 사용자 |

분류기준 게임 중독 점수 38점 이상 48점 이하

특성 고위험 사용자에 비해 낮은 수준이나 가상세계에 대해 더 많은 관심을 보이며 게임에 몰입하여 게임과 현실생활을 혼돈하거나 게임으로 인하여 현실 세계의 대인관계, 일상생활에 문제를 나타내기도 한다. 하루 2시간 이상, 주 5~6회 정도 게임을 한다. 공격적 성향을 보이며 자기 통제력이 낮고 충동적이며 자기 위주로 생각하고 말보다는 행동이 앞서는 경향이 있다. 자신에 대해 부정적으로 생각하는 경향을 보인다.

비고 게임 중독 행동 주의 및 예방 프로그램 요망

| 유형 : 일반 사용자 |

분류기준 게임 중독 점수 37점 이하

특성 게임 습관을 스스로 조절할 수 있으며, 게임과 현실 세계에 대한 구분이 명확하고 게임으로 인한 정서적인 변화를 경험하지 않는다. 하루 1시간 30분 이하, 주 1~2회 이하 게임을 하는 등 인터넷 게임 사용을 적절하게 조절할 수 있다. 자신의 욕구를 적절히 조절할 수 있으며 효율적으로 문제를 해결하는 경향을 보인다. 일시적인 충동에 의하거나 즉각적인 만족을 주는 문제행동을 회피하고 인내할 수 있는 능력이 높다. 자신에 대해 긍정적으로 생각하는 경향이 강하다.

비고 지속적 자기점검 요망

* 출처 : 한국정보화진흥원 http://www.iapc.or.kr

* 통계 결과는 성별과 나이에 따라 다르니, 더 자세한 내용을 알고 싶으시면 한국정보화진흥원 사이트를 방문하십시오.

게임 회사가 우리 아이에게 말하지 않는 진실

1판 1쇄 인쇄 | 2011년 7월 22일
1판 1쇄 발행 | 2011년 7월 29일

지은이 고평석
펴낸이 김기옥

프로젝트 디렉터 기획3팀 최한중
커뮤니케이션 플래너 박진모
경영지원 고광현, 이봉주, 김형식, 임민진

표지 디자인 박소희 | **본문** 성인기획
인쇄 상지사 P&B | **제본** 상지사 P&B | **출력** 스크린출력센터

펴낸곳 한얼미디어 · 한즈미디어(주)
주소 121-839 서울시 마포구 서교동 392-34 강원빌딩 5층
전화 02-707-0337 | **팩스** 02-707-0198 | **홈페이지** www.hansmedia.com
출판신고번호 제2004 1-3호 | **신고일자** 2005년 3월 24일

ISBN 978-89-91087-53-8 13000